GOLDMANN
RATGEBER

Buch

Wer heute eine Stellung sucht oder aufsteigen möchte, muß sich immer häufiger sogenannten Persönlichkeitstests unterziehen. Anders als mit Eignungstests prüfen Persönlichkeitstests keine berufsbezogenen Fähigkeiten, sondern zielen mit fragwürdigen Mitteln auf den Intimbereich ab. Sie sollen Merkmale aufdecken wie Labilität, sexuelle Neigungen, Familienkonflikte, Trinkgewohnheiten, Ängste, Aggressionen oder Abhängigkeiten. Die Testverfahren werden geheimgehalten, ihre Ergebnisse dem Getesteten nicht mitgeteilt, wohl aber im Bedarfsfall gegen ihn verwendet.

Persönlichkeitstests mögen für den Therapeuten trotz ihrer Schwächen ein brauchbares psychodiagnostisches Hilfsmittel sein. Bei der Personalauslese in Industrie und Verwaltung haben sie aus moralischen, arbeitsrechtlichen und wissenschaftlichen Gründen aber eigentlich nichts zu suchen. Der vorliegende kritische »Wegweiser durch das Testdickicht« deckt die Konstruktion einzelner Tests auf und lehrt, wie man sie trickreich und elegant unterläuft.

Autorin

Dr. phil. Susanne von Paczensky ist von Beruf Journalistin. Sie lebt in Hamburg.

Susanne von Paczensky

DER TEST KNACKER

Wie man Karriere-Tests erfolgreich besteht

GOLDMANN VERLAG

Umwelthinweis:
Alle bedruckten Materialien dieses Taschenbuches sind chlorfrei und umweltschonend.
Das Papier enthält Recycling-Anteile.

Der Goldmann Verlag
ist ein Unternehmen der Verlagsgruppe Bertelsmann

Vollständige Taschenbuchausgabe Februar 1987

Umschlaggestaltung: Design Team München
Druck: Elsnerdruck, Berlin
Verlagsnummer: 10363
SD/Herstellung: Sebastian Strohmaier/sc
Made in Germany
ISBN 3-442-10363-0

7 9 10 8

Inhalt

Der Tester und sein Opfer

1. Definition: Worum geht es?

Dies Buch handelt von Tests im Arbeitsleben, von ganz bestimmten Tests, die die Persönlichkeit prüfen wollen.

Was Persönlichkeit ist, weiß niemand genau. Auch die Leute, die sie testen, tasten sich nur vorsichtig an den Begriff heran, sprechen von Temperament oder Charakter, von Seinsqualitäten und Wesensschichten und sind sich bei aller Uneinigkeit in einem Punkt einig: Keine der zahlreichen Persönlichkeitstheorien erfreut sich breiter wissenschaftlicher Anerkennung. So darf auch der Leser dieses Buches nicht darauf hoffen, daß er am Ende klüger sein wird, was das eigene Innenleben oder gar die Seele des Menschen schlechthin betrifft. Die Wahrheit bleibt verborgen; hier geht es nur um die Versuche der Wahrheitsfindung, die im Alltagsleben an Durchschnittsbürgern praktiziert werden.

Was ein Test ist, läßt sich leicht bestimmen: eine Methode, die menschliches Verhalten mißt, und zwar so, daß ein kleiner Ausschnitt genügt, um Rückschlüsse auf das Gesamtverhalten zu erlauben. In der Arbeitspsychologie wird von einem Test vor allem erwartet, daß er Vergleiche mit anderen Bewerbern ermöglicht und den zukünftigen Berufserfolg vorhersagen läßt.

Im großen Feld der betrieblichen Psychodiagnostik nehmen die Persönlichkeitstests nur einen kleinen Platz ein, etwas abseits von den Hauptgebieten, die sich mit Leistung und Eignung befassen. Arbeitsproben, Intelligenztests, Leistungstests wollen die körperlichen Fähigkeiten, die geistige Konzentration oder das erworbene Wissen prüfen, die jeweils zur Ausübung bestimmter Tätigkeiten nötig sind – eine Prüfung, die grundsätzlich im Interesse der Beteiligten liegt. Die Institution, in deren Auftrag getestet wird, will die richtigen Leute am richtigen Platz beschäftigen, um unnütze Ausbildungskosten und Reibungsverluste zu vermeiden; der einzelne Arbeitnehmer möchte seine Fähigkeiten beweisen und entsprechend eingestuft werden. Es kann ihm nicht daran gelegen sein, eine Stellung zu bekommen, für die er ungeeignet ist, er hätte dann nur Mißerfolge und wäre mit sich und der Welt unzufrieden.

Das Argument ist ein wenig wacklig, denn es setzt voraus, daß die Eignungstests in jedem Einzelfall richtig messen und voraussagen, und das tun sie natürlich nicht. Dem einzelnen kann auch bei der Anwendung der anscheinend so sachlichen und gut begründeten Intelligenz- und Leistungstests durchaus Unbill widerfahren; aber davon soll hier nicht die Rede sein. Im Prinzip handelt es sich bei dieser Art von Tests doch um Gebiete, die für alle Beteiligten einsichtig sind.

Anders ist es bei den Persönlichkeitstests: Sie wollen den Menschen in jenen Wesensmerkmalen erfassen, die er meist ungern preisgibt, die er vor allem seinem Arbeitgeber kaum jemals freiwillig enthüllen würde. Die Persönlichkeitstests sind meist in der klinischen Psychologie oder in der Psychiatrie entwickelt worden, in sogenannten Irrenhäusern oder psychotherapeutischen Sprechstunden, und sollen die Erkenntnis und Behandlung von Geisteskrankheiten fördern. Sie dienen ursprünglich als Instrument zur Erfassung von Tiefe und Umfang eines seelischen Leidens, vor allem bei Patienten, die ihre Beschwerden nicht deutlich zu beschreiben vermögen, und dazu, unterschiedliche Formen psychischer Erkrankung voneinander abgrenzen zu können. Sie werden diesem Anspruch durchaus nicht immer gerecht; doch können sie in ihrer Unvollkommenheit neben andern therapeutischen Maßnahmen bestehen, die insgesamt gerechtfertigt sind, wenn sie sich um Heilung oder Linderung seelischer Leiden bemühen. Im Personalbereich von Industrie und Verwaltung, bei Stellenbewerbungen und innerbetrieblichem Karrierekampf, ist jedoch kaum auf die Heilung seelischer Leiden zu hoffen. In diesem Zusammenhang haben Persönlichkeitstests eine andere Bedeutung: Sie erlauben, die Bewerber nach bestimmten Charakterzügen auszusieben, die nicht offenkundig sind; sie bemühen sich, verborgene Wesensmerkmale aufzudecken, an deren Enthüllung dem Bewerber nicht gelegen ist. Ob diese Entlarvung tatsächlich gelingt, ist oft fraglich – wie später darzustellen sein wird; doch unbestreitbar ist es die Absicht des Psychotesters und seiner Auftraggeber, die intimen Probleme des Testopfers zu sezieren. Das wird allein schon aus dem Katalog der untersuchten Merkmale deutlich: Seelische Labilität, sexuelle Neigungen, Familienkonflikte, Trinkgewohnheiten, Ängste, Aggressionen und Abhängigkeiten sollen im Testergebnis offenbar werden. Die privaten Konflikte des einzelnen sollen vom Psychodiagnostiker ans Licht gezogen und in Form eines Gutachtens dem Arbeitgeber überreicht werden: ein Eingriff, der peinlich oder schmerzhaft zu sein droht und nur dort gerechtfertigt scheint, wo es wirklich notwendig ist.

Diese Notwendigkeit ist bisher immer nur von einer Seite her festgestellt worden. Dem Arbeitgeber scheint es nützlich zu sein, die Seele seiner Angestellten zu durchleuchten; sein Beauftragter – sei es der Personalchef, der Betriebspsychologe oder wer sich auch sonst für befähigt erklärt – bemüht sich um stets neue Methoden, diesen Wunsch zu erfüllen. Die einschlägige Literatur umfaßt halbe Bibliotheken; die Universitätsausbildung der Betriebswirte und der Psychologen ist ganz an den Bedürfnissen der Wirtschaft orientiert.

Zwar werden auch Leitfäden für aufstrebende Führungskräfte in großer Zahl hergestellt und verkauft; doch geben sich all diese Ratgeber von der Richtigkeit des eingefahrenen Weges überzeugt und tun alles, um ihre Leser, die einmal selbst aufsteigen wollen, mit Ehrfurcht vor den dynamischen Unternehmerpersönlichkeiten zu erfüllen. Sich dem Vorbild der Herrschenden zu beugen, ihnen nachzueifern, ihre Charakterzüge zu erwerben, das ist die Richtschnur, an die man sich halten muß, wenn man Karriere machen will. Dazu gehört ganz offenbar, daß man auch die Methoden bejaht, mit deren Hilfe die Strebsamen belohnt, die Tüchtigen ausgesucht werden. So wird die Praxis der Personalauslese, der Psychoterror der Persönlichkeitstests unwidersprochen hingenommen, als gäbe es keinen Zweifel, daß der Arbeitnehmer mit seiner Arbeitskraft zugleich auch seine Persönlichkeit verkaufen muß.

Dies Buch will Zweifel anmelden. Es will zu Widerspruch und Widerstand auffordern, indem es die Methoden der Wissenschaft durchsichtig macht, die bisher nur einseitig genutzt werden. Es mag im Interesse der Tester liegen, ihre Verfahren geheimzuhalten, doch das kann die Rechte der Testopfer nicht zunichte machen. Hunderttausende werden jedes Jahr von Schicksalsentscheidungen betroffen, auf Lebenswege gelenkt, ohne die Grundlagen solcher Entscheidungen zu kennen. Ihre Interessen verlangen es, daß die Auslesemechanismen deutlich und widerlegbar werden. Dies Buch will Persönlichkeitstests kritisch und heimtückisch durchleuchten, so kritisch und so heimtükkisch, wie die Psychotester seit jeher mit ihren Opfern verfahren.

«Unnervosität und Ruhe, bereits zur Voraussetzung dafür geworden, daß Applikanten höher bezahlte Stellungen bekommen, sind das Bild des erstickten Schweigens, das die Auftraggeber der Personalchefs politisch später erst verhängen.»
Theodor Adorno, *Minima Moralia*, Frankfurt 1951, Seite 70.

2. Situationsanalyse I – Heimlichkeiten

Zwei Menschen sitzen sich gegenüber.

Der Mann, der die Sache unter sich hat, heißt Testleiter. Er ist im Prinzip Psychologe (von den vielen Ausnahmen reden wir später), weiß alles über Diagnostik und hat einen Arbeit- oder Auftraggeber: irgendeinen, in dessen Interesse er testet. Seine eigenen Interessen sind nur soweit berührt, als er sein Tagwerk ordentlich verrichten, sein Honorar kassieren, sein Renommee erhalten will. Vielleicht hat er auch ein wissenschaftliches Anliegen oder ist Menschenfreund; aber solche Hobbys spielen nur am Rande mit. Er kennt die Karten, mit denen gespielt wird; er hat sie selbst markiert.

Der andere heißt Proband, oder wenn er in die wissenschaftliche

Literatur eingeht, Versuchsperson, kurz Vp genannt. Mit Vps hantieren die Psychologen an der Uni, als seien es Knöpfe oder Meerschweinchen. Während der Studienjahre – in Testversuchen, Seminararbeiten, Prüfungsantworten – lernt der Psychologiestudent, die Mitmenschen, soweit sie von seiner Wissenschaft bestrichen werden, als Vps zu betrachten: Objekte, die etwas mit sich machen lassen. Da ist es schon ein Fortschritt, ein Akt der Höflichkeit, wenn man ein solches Forschungsobjekt als Proband bezeichnet: ein Prüfling immerhin.

Der sitzt meist recht unfreiwillig auf seinem Stuhl: Er sucht eine Stellung oder eine Beförderung, will zur Ausbildung zugelassen, vom Arbeitsamt gefördert werden oder seinen Führerschein wiederhaben, und auf dem Weg zu diesem Ziel hat sich als Hürde ein Test aufgebaut. Er kennt die Karten nicht, er weiß nur ungefähr, was gespielt wird; aber vom Ausgang des Spiels ist er unmittelbar und entscheidend betroffen. Es sind seine Fähigkeiten, seine Eigenschaften, die getestet werden; ihm gehört die Zukunft, die Selbstachtung, über die hier verfügt wird – kein Wunder, daß er der Sache mißtrauisch oder ängstlich, oder hoffnungsvoll, jedenfalls bewegt entgegentritt.

Eine ungleiche Lage, dies Gegenüber von Macht und Angst, und darin nur ein alltäglicher Ausschnitt aus unserer Gesellschaft. Es kommt alle Tage vor, daß Menschen mit unterschiedlicher Position und Entscheidungsfreiheit an einer Situation beteiligt sind – und es ist auch ganz üblich, daß sie diese Situation dann verschieden wahrnehmen.

Der Psychologe sieht sich am liebsten als Zwilling des Arztes: uneigennützig, helfend und heilend. «Vertrauen wie zum Arzt» wünscht er von seinem Klienten und vergißt dabei, daß auch dem Arzt am ehesten vertraut wird, wenn man ihn freiwillig und aus eigenem Drang aufsucht.

In den «Berufsethischen Verpflichtungen» des Berufsverbandes Deutscher Psychologen (BDP) steht soviel Wertvolles über den Dienst am Individuum und die besondere Verantwortung gegenüber der Gesellschaft, daß jeder, der diesem Bund angehört, eine hohe Meinung von sich selbst haben darf; daher auch die nachdrückliche Forderung der Verbandsbrüder, gesetzlich und im öffentlichen Ansehen den Ärzten gleich zu sein. Freilich ist gerade für den Testpsychologen die Parallele zum Mediziner nicht leicht zu halten. Ihm geht es ja nicht um Heilung, sondern um Auswahl. Die Guten sollen ins Töpfchen, und was aus den Schlechten wird, geht den Testleiter nichts an. Der Arzt hat es auch nicht nötig – selbst wenn er es manchmal tut –, seine Werkzeuge als Geheimwaffen zu verschleiern. Wie Blutprobe oder EKG funktionieren, kann jeder Patient erfahren; dem Testprobanden aber muß verschwiegen werden, womit und worauf er getestet wird.

So fühlt sich der Proband auch kaum beim guten Onkel Doktor, sondern eher in der vertrackten Lage eines Schülers, der eine Prüfung ablegen muß, für die er sich nicht vorbereiten konnte. Gewiß – beim Test wird keine Vorkenntnis verlangt. Jeder hat die gleiche Chance, aber auch die gleiche quälende Ungewißheit, ob er das rettende Ziel mit «bestanden» erreicht. Und was heißt hier überhaupt bestanden?

Wenn man den Test als Prüfungssituation betrachtet, fällt auf, daß Prüfungsziel und -methoden dem Prüfling weitgehend unbekannt sind: Das ist in unserem Kulturkreis, in unserem aufgeklärten und informationsfreudigen Zeitalter etwas Außerordentliches.

Jeder Sechstkläßler weiß genau, welche Rechenkünste er beherrschen muß, um in die Siebente versetzt zu werden; jeder Friseurlehrling weiß, welche Dauerwellen-Formeln ihm in der Gesellenprüfung abgefragt werden könnten, und jeder Doktorand ahnt, was im Examen gefordert wird. Fast alle wichtigen Prüfungen gehen inzwischen öffentlich vor sich, unter Zeugen und mit genehmigter Prüfungsordnung, genehmigtem Prüfungsstoff.

Dem Test aber ist in allen seinen Ausprägungen gemeinsam, daß sein Inhalt nur den Prüfern bekannt, sein Sinn nur den Eingeweihten verständlich ist. Selbst das Ergebnis ist geheim, wird nur sorgsam verschlüsselt und in Bruchstücken dem Auftraggeber mitgeteilt. Der Proband selbst erfährt oft lediglich, daß er die Stellung nicht gekriegt, den Aufstieg nicht geschafft hat. Woran es lag, in welchem Teilbereich er versagte, das wird dem Versager nicht enthüllt.

Der Psychologe ist, wie ihm seine «Berufsethischen Verpflichtungen» bescheinigen, «in jeder beruflichen Situation auf das Wohl der Menschen bedacht, die von seiner Berufsausübung betroffen werden», und so hat er natürlich auch das Wohl des Betroffenen im Auge, wenn er ihm die Testergebnisse verschweigt. Es sei, das ist einhellige Standesmeinung, außerordentlich schädlich, ja gefährlich für den Probanden, wenn er zuviel über sich selbst erfährt. Schon die Kenntnis des eigenen Intelligenzquotienten kann schlimme Folgen haben, ein Blick aufs eigene Persönlichkeitsprofil ist keinem zu wünschen. Welche Folgen da allerdings zu befürchten sind, welche krassen Schäden durch ungeschminkte Testergebnisse ausgelöst werden, das wissen auch die Experten nicht genau. Selbst eine so experimentierfreudige Wissenschaft wie die Psychologie hat es bislang nicht gewagt, diese Gefahren auszuprobieren; jedenfalls läßt sich keine Literatur darüber entdecken.

Geheimhaltung scheint das oberste Gebot einer wirkungsvollen Test-Strategie. Nicht nur dem Probanden wird Sinn und Ergebnis seiner Bemühung verschwiegen, auch auf allen anderen Ebenen werden neugierige Laien entmutigt: Kein Personalchef, kein Betriebspsychologe, kein Unternehmensberater gibt Auskunft über die von ihm benutzten Tests; selbst das Arbeitsamt verweigert den Einblick in seine Testpraxis, und die beiden beherrschenden Testverlage des deutschen Sprachraums können nicht einmal mitteilen, welche ihrer Erzeugnisse sich besonders gut verkaufen.

Zur Begründung von derart magerem Informationsfluß wird allemal Verantwortung genannt, die Sorge, daß Tests in ungeübten Händen schädlich verwendet werden können. So kann auch die Praxis der geübten Hände im dunkeln bleiben: ein Tätigkeitsfeld, das unzählige Lebensentscheidungen beeinflußt, ist öffentlicher Kontrolle entzogen.

«Während der ganzen psychodiagnostischen Untersuchung steht der Testleiter vor der schwierigen Aufgabe, den Probanden bei Laune zu halten und dabei so wenig wie möglich Informationen zu geben. Er muß den Probanden für sich einnehmen und ihn gleichzeitig wie einen Gegenstand beobachten.»
Hans Hartmann, *Psychologische Diagnostik*, Stuttgart 1970, Seite 38.

3. Definition: Wen geht es an?

Die Zahl der Testopfer ist unbekannt. Niemand kann genau berechnen, ob es zur Zeit nur ein paar Hunderttausend sind oder eine Million, denen alljährlich wider Willen die Seele durchleuchtet wird.

Persönlichkeitstests sind Geheimsache; nicht nur für die Psychologen, für die Testverlage, für die Auftraggeber, die ein direktes Interesse an der Verschleierung haben – auch die Betroffenen sprechen ungern darüber. Wer durchgefallen ist, fühlt sich unzulänglich; wer bestanden hat, fühlt sich dem Arbeitgeber gegenüber zu Loyalität verpflichtet. Die meisten multinationalen Konzerne und viele deutsche Großfirmen lassen grundsätzlich alle Bewerber durch eine Testbatterie laufen, die auch Persönlichkeitstests enthält; einige von ihnen prüfen außerdem ihre Belegschaft routinemäßig auf psychische Abweichungen durch; anderswo ist nur die Lehrlingsauswahl und innerbetriebliche Förderung von Psychotests abhängig.

Höhere und leitende Angestellte müssen jedenfalls mit einer psychischen Durchleuchtung rechnen. Sie werden immer häufiger durch Personalberater vermittelt, die sich gern auf ihre untrüglichen Testverfahren berufen. Doch auch die meisten Beamtenstellen sind nur über die Testhürde zu erreichen. Allein in den norddeutschen Bundesländern werden alljährlich 3000 Beamtenanwärter für den mittleren und gehobenen Dienst einem Ausleseverfahren unterworfen, das Persönlichkeitstests einschließt.

Die Gesamtzahl der Betroffenen kann nur über den Daumen gepeilt werden. Will man die Seelenprüfungen mitrechnen, die bei der Bundeswehr, bei der Berufsberatung, beim TÜV vorgenommen werden und auch dort oft unfreiwillig das Schicksal bestimmen, dann kommt man schnell auf eine halbe Million im Jahr. Im eigentlichen Personalbereich, bei der Auslese für bestimmte Berufe, beim Zugang zu bestimmten Positionen, ist zur Zeit noch mit geringeren Zahlen zu rechnen. Bei der Deutschen Angestellten-Gewerkschaft ist man der Ansicht, daß die aus USA herüberschwappende Testwelle bisher nur die Auswahl zum mittleren und höheren Management berühre, daß aber viele Anzeichen auf eine Ausdehnung hindeuten.

Geschäftstüchtige Testvertreter klagen in der Arbeitgeber-Presse, daß viele deutsche Personalchefs noch zu altmodisch, zu selbstgerecht seien, um sich der wissenschaftlichen Wohltaten ihrer Verfahren zu bedienen. Tatsächlich lassen sich andere Ursachen vermuten, wenn die bundesdeutsche Testfreude noch nicht amerikanische Ausmaße erreicht hat:

«Solange Vollbeschäftigung herrscht, wird man qualifizierte Bewerber kaum dazu bringen, sich einem Test zu unterwerfen. Es sei denn, der Betrieb ist so attraktiv, daß man sich diesem Joch beugt. Es ist allerdings möglich, daß Testverfahren stärker vorrücken, wenn wir wieder einen Überfluß an Arbeitnehmern haben.»

L. Kroeber-Keneth, «Gedämpfte Testfreude» in *Der Volkswirt*, 20. 3. 1970.

Zur Zeit sind Personalchefs nur selten in Verlegenheit, sich unter mehreren geeigneten Bewerbern für den besten entscheiden zu müssen. Man ist froh, wenn man den halbwegs richtigen Mann gefunden hat. Doch wenn die Zahl der Anwärter steigt, die freien Stellen seltener werden, wird man das Schüttelsieb der Persönlichkeitstests gern hervorholen, um die Guten ins Töpfchen, die Schlechten ins Kröpfchen zu testen.

Auf diesen Tag ist mancher gut vorbereitet. Seit Jahren führen tüchtige Beraterfirmen und angesehene Unternehmen Schulungskurse für Personalleiter durch, um sie in den Grundlagen der Testpraxis auszubilden. In fünf oder sechs Tagen kann man lernen, «einen Bewerber bis aufs Hemd auszuziehen». Für Studenten gibt es Sonderangebote: ein dreitägiges Schnellseminar für DM 60,- bildet angehende Betriebswirte in der Durchführung von Auslesetests aus. Die Universität beklagt solche Praktiken. Erstens sind sie unseriös, und zweitens nehmen sie den Petriebspsychologen die Butter vom Brot. Das lukrative Testgeschäft soll nicht von Laienhand betrieben werden:

«Zu warnen ist vor Schnell- und Kurzverfahren, solange deren Gültigkeit nicht gesichert ist. Geschäftstüchtig, mundgerecht mit ‹Kochbuchregeln› zur Auswertung und unter dem Deckmantel der Wissenschaft-

lichkeit serviert, haben sie in letzter Zeit eine bedenkliche Verbreitung gefunden.»
Professor A. O. Jäger, «Personalauslese» in *Handbuch der Psychologie* Bd. IX, Göttingen 1970, Seite 620.

Das Studium der Psychologie hindert nicht an Geschäftstüchtigkeit. Als eindrucksvolles Beispiel mag ein hessischer Doktor dienen, dessen «Praxis für Psychologische Diagnostik» zahlreiche große Firmen mit selbstgebastelten Auslesetests beliefert, zugleich aber auch einen «Heim-Test» für Stellungsuchende anbietet, der sie rechtzeitig für die drohende Prüfung drillt. «Was bisher nur für große Firmen erschwinglich war – der Psycho-Test –, ist jetzt auch für den kleinen Mann erreichbar.» («Menschen in der Falle» in *Akut* 3 [1971], S. 35)

Solche Auswüchse werden von seriösen Psychologen heftig mißbilligt. Dabei geht der Streit unter Akademikern hauptsächlich um die Sauberkeit der Verfahren, die Reinheit der diagnostischen Lehre. Die Anhänger verschiedener Denkmodelle werfen einander wissenschaftliche Irrlehren vor und wenden sich gemeinsam gegen Außenseiter, die erst gar keine Theorie vorzeigen können, sondern sich offen an der Praxis des Geschäftslebens orientieren. Von Geld wird natürlich nie gesprochen, doch sind die ökonomischen Hintergründe augenfällig:

Das Testgeschäft ist in den USA ein Millionen-Dollar-Busineß. Schon 1963 verdienten die amerikanischen Test-Verlage 25 Millionen Dollar (vgl. Hillel Black, *They Shall Not Pass*, New York 1963, S. 199), die privaten Test-Institute ein Vielfaches davon. Wer an einer Ausweitung des Testwesens in Deutschland interessiert ist, hat zugleich ein vitales Interesse daran, nur einen beschränkten Expertenkreis zur Praxis zuzulassen. Dabei gilt es auch die Unternehmer davon zu überzeugen, daß die Kosten eines Testpsychologen durch erhöhte Produktivität aufgewogen werden. Ein auch in Deutschland vielzitiertes amerikanisches Standardwerk der Betriebspsychologie weist nach, daß schon die Auslese von Maschinenschlossern mit Hilfe geschickter Tests den Firmenprofit pro Mann und Stunde um 20 Cents erhöhen könne – gewinnträchtige Aussichten, die ihre Wirkung sicher nicht verfehlen. (Vgl. hierzu Lee Cronbach und G. Gleser, *Psychological Tests and Personal Decisions*, Urbana 1965, S. 254)

Man braucht keine hellseherischen Gaben, um vorauszusagen, daß die Persönlichkeitstests an Bedeutung gewinnen werden, sobald die Arbeitsmarktlage sich ändern sollte. Zur Zeit schützen sie vor allem den Zugang zu Positionen, die auch im Zeichen der Vollbeschäftigung noch besonders erstrebenswert sind: der sichere Dienst bei Vater Staat, der Status des leitenden Angestellten, die Ausbildungs- und Aufstiegschancen bei Großbetrieben und bei Unternehmen, die ein Beschäftigungsmonopol für bestimmte Berufszweige, wie etwa den Flugzeugingenieur, besitzen. Das sind im nächsten Jahr vielleicht hunderttausend Leute, vielleicht auch weniger. Sobald eine Schwankung der Konjunktur die Schar der Arbeitsuchunden wachsen läßt, sind es mit Sicherheit mehr.

«Das wahrhaft Schlimme liegt wenigstens in Europa nicht in dem, was irgendeine Testpraxis in der Gesellschaft zur Zeit faktisch schon anrichtet, sondern einerseits in dem allgemeinen naiven Respekt vor ihr, der auf das, was an solcher Anrichtung für die Zukunft noch möglich bleibt, einen düsteren Schein wirft, andererseits und vor allem in den inneren Folgen des Testbetriebs für die Verantwortliche, die Psychologie selbst, als Wissenschaft.»
Ulrich Sonnemann, *Negative Anthropologie*, Reinbek 1969, Seite 202.

4. Situationsanalyse II – Peinlichkeiten

Zwei Menschen sitzen sich gegenüber.

Der eine fragt, der andere muß antworten. Manchmal muß er auch Bilder deuten, selbst etwas zeichnen oder in Fragebogen die passenden Felder ankreuzen. Er weiß, daß er getestet wird, daß es wichtig für ihn ist, einen guten Eindruck zu machen. Wahrscheinlich hat er Angst; doch gerade das darf er nicht zeigen. Angst macht dumm.

Das Testmaterial ist oft undurchsichtig. Kein erwachsener Mensch würde Männchen malen oder Tintenkleckse deuten, ohne zumindest nach dem Sinn des Spiels zu fragen; doch in diesem Spiel werden keine Auskünfte erteilt. Man muß sich fügen, wenn man nicht freiwillig ausscheiden will.

Der Testleiter ist zu undurchdringlicher Miene verpflichtet; er reagiert nicht auf Lächeln oder Grollen. Man kann also nicht einmal raten, ob man gut abschneidet oder auf dem Holzweg ist. Man muß sich fügen und blindlings dem Lauf der Testmaschine vertrauen.

Das Testmaterial ist oft peinlich. Persönlichkeits-Fragebogen erkundigen sich zudringlich nach Träumen und Sexualverhalten. Die taktlosesten Fragen nach geheimen Lastern, nach ehelichen Intimitäten oder peinlichen Kindheitserinnerungen will man entrüstet zurückweisen; aber der Testleiter ist aus dem Zimmer gegangen. Es ist keiner da, bei dem man protestieren könnte. Man sollte die unverschämten Fragen durchstreichen – doch vielleicht gibt man sich damit eine Blöße und verrät unversehens noch mehr verborgene Sünden? Man muß sich fügen, wenn man einen guten Eindruck machen will.

Zwei Menschen sitzen sich gegenüber.

Wenn der eine beschließt, daß es genug ist, packt er alles zusammen, was er über den andern erfahren hat, und macht damit, was er für richtig hält. Vielleicht werden die Geheimnisse des Bewerbers alsbald wieder vernichtet, vielleicht wandern sie in irgendeinen Geheimschrank oder in die Personalakte oder werden verschlüsselt im Computer gespeichert und können nach Bedarf wieder abgefragt werden. Gerüchte sagen, daß manche Personalchefs und Testinstitute einander mit vertraulichen Unterlagen aushelfen. Vielleicht kommt so etwas nur in Amerika vor? Man hat keine Kontrolle darüber; man weiß ja nicht einmal genau, welche Informationen man dem Tester eigentlich gegeben hat. Man hat Angst, und gerade das darf man nicht zeigen.

Die Kunst, Angst zu verbergen, üben viele ihr Leben lang – offenbar mit Erfolg, denn die Psychologen haben bisher nicht viele Gedanken darauf verschwendet, ob den Versuchspersonen das Verfahren angenehm ist. Nur in Amerika nahm man, nach heftigen öffentlichen Angriffen, vereinzelt und verblüfft zur Kenntnis, daß die Testpraxis nicht bei allen Beteiligten eitel Freude hervorruft.

«Viele dieser Bedenken (in der amerikanischen Presse) verweisen auf die Schattenseiten von Persönlichkeitstests, die wir Psychologen seit Jahren zu korrigieren versuchen; andere wenden sich gegen die eigentlichen Ziele der Persönlichkeitstests, welche mit außerordentlich persönlichen und manchmal sehr peinlichen Themen befaßt sein müssen. Daß manche Menschen bei der Beantwortung solcher Fragen Belästigung empfinden, ist eine der unglücklichen Nebenwirkungen, die die Aufmerksamkeit der Testpsychologen verdienen.»
Bernard Kleinmuntz, *Personality Measurement*, Homewood/Illinois 1967, Seite 78.

Zur Beruhigung ängstlicher Gemüter wird gern darauf verwiesen, daß die Kandidaten ja allesamt freiwillig kommen. Kein Mensch wird gezwungen, sich um eine Stellung zu bewerben; er kann seine Bewerbung auch jederzeit zurückziehen, wenn er erfährt, daß ein Testverfahren auf ihn zukommt. Er muß dann eben auf die Stellung verzichten. Kein Mitarbeiter kann gezwungen werden, sich an innerbetrieblichen Auslesetests zu beteiligen; er darf sich jederzeit weigern und auf die Fortbildung oder Beförderung verzichten. Auch bei den Großfirmen, die ganze Mitarbeitergruppen routinemäßig einem Psychotest unterwerfen, wird großer Wert auf die Freiwilligkeit dieser Übung gelegt. Es ist durchaus schon vorgekommen, daß langjährige Betriebsangehörige sich geweigert und das Stirnrunzeln ihrer Vorgesetzten in Kauf genommen haben.

Ein wenig fadenscheinig, diese Freiwilligkeit, doch mag sie das Gewissen der Testpraktiker beruhigen: Wenn es den Leuten wirklich nicht passen würde, könnten sie sich ja zur Wehr setzen. Das Klima ist freilich ungünstig, um Widerstand wachsen zu lassen. Jeder Bewerber steht einzeln und ziemlich hilflos in einer Situation, in der Bundesgenossen schwer zu finden sind. Denn die andern, die sich ebenfalls bewerben mögen, sind seine Rivalen, und er hat von klein auf in Schule und Ausbildung gelernt, Konkurrenten zu mißtrauen. Die Gegenseite – die Institution, die Tests veranstaltet – ist bestens gewappnet: mit der wirtschaftlichen Macht des Unternehmens, mit der undurchdringlichen Würde der Wissenschaft. Ehe sich einer mit diesen Kräften auseinandersetzen kann, braucht er mehr als guten Mut. Er braucht zunächst Informationen, um die schwachen Stellen des Widersachers zu finden.

5. Stimmen aus dem Volk

Dies Buch enthält viele Zitate von Wissenschaftlern, die den Gang der Argumentation verstärken und zugleich den Leser zu vertiefter Information anregen sollen. Die Information aus dem Leben ist genauso eindrucksvoll. Wer herumfragt, was die Leute sagen, denen ein Persönlichkeitstest abgefordert wurde, lernt die Kehrseite der Wissenschaft kennen.

«Ich habe mich sehr geschämt: beim Test, weil die Fragen peinlich waren, und hinterher, daß ich's überhaupt gemacht habe.»
Industriekaufmann, 45 Jahre alt

«Das war eine glasklare Drucksituation. Man muß es durchstehn, wenn man ans große Geld rankommen will.»
Verkaufsleiter, 28 Jahre

«Meine Existenz hing davon ab, mein ganzes Leben; dann haben sie mich Sachen gefragt, die ich gar nicht verstehe, aber ich hab alles richtig beantwortet.»
Beamtenanwärter, 32 Jahre

«Mir war so mies, ich hab sogar mein Geburtsdatum vergessen. Dabei muß man doch ganz ehrlich sein, wegen der Lügenfallen.»
Pastorin, 36 Jahre

«Hinterher war ich wütend, daß ich mich habe für dumm verkaufen lassen. Ich hätte die Stelle sowieso nicht gekriegt.»
Elektroingenieur, 26 Jahre

«Man muß alles mitmachen. Das ist die Voraussetzung, um in den Beruf zu kommen. Die andern tun es ja auch.»
Finanzbeamtin, 24 Jahre

«Wir waren dreißig, die zusammen getestet wurden. Die meisten viel jünger als ich; da wußte ich gleich, daß ich nicht schnell genug sein würde.»
Bankkaufmann, 50 Jahre

«Bei uns ist es üblich, daß wir uns freiwillig einer psychologischen Leistungskontrolle unterwerfen. Das wird computermäßig ausgewertet zum Vergleich der Prosönlichkeitsprofile. Die älteren Kollegen mögen das nicht gern; aber Weigerungen sind sehr selten. Dabei kann einem gar nichts passieren – jedenfalls offiziell.»
Direktor einer Mineralölfirma, 42 Jahre

«Zwei Tage haben sie mich ausgequetscht mit allen Schikanen, und dann hieß es nur: Die Stelle ist schon besetzt. Aber ich bin sicher, daß irgend etwas mit mir nicht stimmt.»
Jurist, 29 Jahre

«Wenn man vorher wüßte, wie das läuft, könnte man sich anders verhalten. Ich hätte mir die lüsternen Fragen verbitten sollen, oder wenigstens das Ergebnis rausfinden sollen; aber ich war viel zu sehr geschockt.»
Sachbearbeiterin, 24 Jahre

«Ich hab paarmal gefragt, was das soll, aber natürlich keine Antwort gekriegt. Hinterher steht in meinem Gutachten, ich wär ängstlich.»
Diplom-Chemiker, 33 Jahre

«Ich glaube, ich habe schlecht abgeschnitten; jedenfalls bin ich nicht zum Lehrgang gekommen. Der Betriebspsychologe sagt, ich würde das Testergebnis doch nicht verstehen, es würde mich nur unnötig beunruhigen. Jetzt bin ich erst richtig beunruhigt.»
Bankkaufmann, 26 Jahre.

Testmoral

1. Historische Auslese

Die Geschichte der Auslesetests ist so alt und ehrwürdig, wie man sich nur wünschen kann. Schon in der Bibel (Richter 7,1–8) findet sich ein musterhafter Persönlichkeitstest, der beim Krieg gegen die Midianiter zur Auslese einer Spezialtruppe verwandt wurde. Zehntausend kampfbereite Kinder Israels waren versammelt, um dem Feindesheer entgegenzutreten: «Und der Herr sprach zu Gideon: des Volks ist noch zu viel. Führe sie hinab ans Wasser, daselbst will ich sie dir prüfen. Und von welchem ich dir sagen werde, daß er mit dir ziehen soll, der soll mit dir ziehen; von welchem aber ich sagen werde, daß er nicht mit dir ziehen soll, der soll nicht ziehen. Und er führte das Volk hinab ans Wasser. Und der Herr sprach zu Gideon: Wer mit seiner Zunge Wasser leckt, wie ein Hund leckt, den stelle besonders; desgleichen, wer auf seine Knie fällt, zu trinken. Da war die Zahl derer, die geleckt hatten aus der Hand zum Mund, dreihundert Mann; das andere Volk alles hatte kniend getrunken. Und der Herr sprach zu Gideon: Durch die dreihundert, die geleckt haben, will ich euch erlösen und die Midianiter in deine Hand geben. Aber das andere Volk laß alles gehn an seinen Ort.»

Natürlich hat sich keiner getraut, nach der theoretischen Grundlage dieses Tests zu fragen – ob Leute, die aus der Hand lecken, disziplinierter sind oder wachsamer oder unerschrockener als andere. Tatsächlich hat Gideon die Midianiter schrecklich geschlagen, nachdem der Herr ihm noch mit einer Kriegslist aushalf, und so hält sich seit jener Zeit der hartnäckige Glaube an die Wirksamkeit undurchsichtiger Auslesetests. Nie wurde nachgeprüft, ob die andern Söhne Israels nicht genauso tapfer draufgeschlagen hätten wie die auserwählten dreihundert. Auch das ist bis heute so geblieben: Das Schicksal der Abgewiesenen ist für die Testpraktiker uninteressant.

Das biblische Vorbild blieb freilich lange vergessen. Die ersten Versuche, menschliche Eigenschaften naturwissenschaftlich zu messen und zu vergleichen, begannen gegen Ende des 19. Jahrhunderts. Zunächst waren es nur die Psychiater, die verschiedene Formen des Schwachsinns ergründen wollten und an ihren Patienten frühe Formen des Intelligenztests erprobten. Doch der große Aufschwung kam mit dem Ersten Weltkrieg. Gewaltige Rekrutenmengen mußten an die verschiedenen Truppenteile verteilt, Geistesgestörte mußten ausgesiebt werden, und das alles mußte auch noch schnell gehen. In Deutschland entstand die Heerespsychologie, die sich vor allem mit der Eliteauswahl für Offiziersanwärter und Spezialtruppen befaßte. In Amerika erfand man den ersten Persönlichkeitsfragebogen, den Woodworth P. D. Sheet, der nach neurotischen Symptomen fragte. Aus dieser Keimzelle wuchs dann die weitverzweigte amerikanische Fragebogen-Familie, die sich schließlich auch in Europa fortpflanzte. Dazu war allerdings noch ein Krieg nötig. Denn erst im Zweiten Weltkrieg wurden die psychologischen Verfahren, die man in der Zwischenzeit erprobt und verfeinert hatte, in vollem Ausmaß an Soldaten und zivilen Arbeitskräften angewandt. Eine ganze Psychologengeneration ist durch diese kriegerische Schule gegangen, und viele der großen Testkonstrukteure berufen sich dankbar auf ihre wertvollen Erfahrungen beim Truppeneinsatz oder bei der Spionenauswahl. (Vgl. H. J. Eysenck, *Wege und Abwege der Psychologie*, Reinbek 1972, S. 69–81) Dabei kommen auch die Leistungen der deutschen Heerespsychologie zu späten Ehren: Die allerneuesten, erst zaghaft angewandten, «objektiven» Methoden wie «Streßtest», «Situationstest» usw. beziehen sich zum Teil auf die Ausleseverfahren der deutschen Wehrmacht vor 1945.

Diese militärische Vergangenheit scheint den Auslesetests noch heute anzuhaften. Was in Zeiten der allgemeinen Mobilmachung, im Augenblick der nationalen Bedrohung, legitim erscheinen mochte, färbt weiterhin die Grundstimmung vieler Testpraktiker: Hauptsache, die Richtung stimmt; man kann nicht auf jeden zimperlichen Einzelgänger Rücksicht nehmen; was dem Volke (der Firma) nutzt, tut auch dem einzelnen gut.

In den meisten Handbüchern, in den Anleitungen zum korrekten Testleiterverhalten und in den Schriften zur Betriebspsychologie wird von den Versuchspersonen so gesprochen, als seien sie wirklich ein Rudel törichter Rekruten, die zu ihrem eigenen Besten durchleuchtet und auf den rechten Platz verwiesen werden müssen. Man muß höllisch aufpassen, daß sie nicht schwindeln; allerdings mit umgekehrten Vorzeichen: Rekruten stellen sich meist kränker und dümmer als sie sind, Stellenbewerber neigen zum Gegenteil. Die Frage nach den Ursachen, die Frage, warum die Betroffenen kein Vertrauen haben, wird vorsichtshalber nicht gestellt.

«Entscheidungsprinzipien haben sich bisher in erster Linie an den Interessen der jeweiligen Institution orientiert. Interessen und Bedürfnisse der jeweiligen Individuen wurden dabei im allgemeinen nur soweit berücksichtigt, wie das die institutionellen Interessen zulassen. Dabei unterstellt man gern so etwas wie eine ‹prästabilierte Harmonie› beider Interessengruppen. Wenn diese sich als nicht vorhanden zeigt, versucht man die Interessen der Individuen im Sinne einer Anpassung an die Betriebsinteressen zu modifizieren, beziehungsweise mit den vielfältigsten Mitteln zu manipulieren.»
A. O. Jäger, «Personalauslese» in *Handbuch der Psychologie*, Bd. IX, Göttingen 1970, Seite 646.

Es wäre freilich ungerecht, die Tradition der Persönlichkeitstests in der Personalauslese ausschließlich auf soldatische Tugenden zurückführen zu wollen. Mag Gideon, der biblische Feldherr, auch als Stammvater der Charaktertests gelten, mögen die beiden Weltkriege den Anlaß zur Massenanwendung psychologischer Auswahlmethoden gegeben haben, so lassen sich doch auch noch andere Vorfahren aufzählen: die theoretische Basis vieler Tests wurde in Irrenhäusern erarbeitet, zur

Erkennung und Heilung von Geisteskrankheiten, Psychiater ersannen die meisten der sogenannten «projektiven» Methoden, die den Eigenarten des einzelnen stärker gerecht werden. Die Väter der klinischen Psychodiagnostik konnten davon ausgehen, daß ihr Eindringen in tiefe Privatbereiche, in Träume und Ängste des Patienten, durch seine Krankheit gerechtfertigt und im Interesse seiner Heilung notwendig sei. Manche haben sich auch ganz energisch dagegen verwahrt, daß ihre Methoden außerhalb der Klinik zu Auslesezwecken verwandt werden.

«Wegen des Einblicks in sehr intime und private Sphären der Persönlichkeit wäre die Persönlichkeitsbeurteilung auf Grund des TAT (Thematic Apperception Test) im Auftrage eines Dritten eine unvertretbare Indiskretion.» W. J. Revers und K. Taeuber, *Der thematische Apperzeptionstest,* Bern 1968, Seite 33.

Inzwischen spielt es längst keine Rolle mehr, auf welchem Nährboden ein Persönlichkeitstest entstand: Sie werden unterschiedslos und unkontrolliert zur Personalauslese verwandt, ob sie dafür geschaffen sind oder nicht, ob sie aus der psychiatrischen Heilanstalt oder aus dem militärischen Menscheneinsatz stammen. Eins freilich konnte in beiden Ursprungsbereichen schlecht gedeihen: die Mitbestimmung der Betroffenen. Falls Rekruten sich je gegen die Armee-Tests aufgelehnt haben sollten – die Prüfer haben es nicht zur Kenntnis genommen. Falls die Insassen von Heilanstalten sich gegen die Untersuchungsmethoden sträuben sollten – die Wissenschaft hat sich nicht beirren lassen.

Wer sich um eine Stellung bewirbt, wer Polizist, Pastor oder Prokurist werden will, ist im allgemeinen erwachsen und geschäftsfähig. Doch zur Mitbestimmung und kritischen Kontrolle der Ausleseverfahren scheint er nicht befähigt, jedenfalls nicht, wenn es um Persönlichkeitsprüfung geht.

Zwar weiß jeder Personalleiter, jeder Betriebspsychologe von Einzelprotesten zu berichten, von störrischen Sonderlingen, die sich der Seelendurchleuchtung widersetzten, doch die Ursache zu solcher Ablehnung wird meist in individuellen Schwierigkeiten vermutet: ein neurotischer Fall, ein Mensch mit extremem Mißtrauen oder vielleicht ein Homosexueller . . . Der gesunde, normale und aufstiegsbewußte Bürger fügt sich.

Daß anderswo schon ziemlich erfolgreich und durchaus nicht individual-neurotisch gegen Persönlichkeitstest protestiert wird, ist offenbar uninteressant; jedenfalls hat es in der deutschen Fachliteratur keinen Niederschlag gefunden.

2. Der Aufstand von 1965

Die erste große Demonstration gegen den Mißbrauch von Persönlichkeitstests fand im Juni 1965 in Washington statt. Zwei Untersuchungsausschüsse des Kongresses befaßten sich mit den Ausleseverfahren amerikanischer Bundesbehörden und anderer offizieller Institutionen: Der Unterausschuß für verfassungsmäßige Rechte prüfte die Beschwerde, daß Fragebogentests die Bürgerrechte verletzten, insbesondere durch Diskriminierung von Minderheiten. Fast gleichzeitig untersuchte der Unterausschuß für den Schutz der Privatsphäre ähnliche Vorwürfe, die sich vor allem gegen den zudringlichen und taktlosen Charakter vieler Persönlichkeitstests richteten.

Die großen Namen der amerikanischen Testpsychologie waren als Sachverständige geladen und hatten Gelegenheit, ihre Verfahren zu erklären und zu verteidigen; Staatssekretäre und hohe Beamte wurden über die Personalpolitik ihrer Behörden befragt; namhafte Staatsrechtler und Publizisten befaßten sich mit der Rechtmäßigkeit der umstrittenen Ausleseverfahren. Das gesamte Protokoll der beiden Ausschüsse wurde in einer Sonderausgabe des *American Psychologist* (Bd. 20, 1965, S. 857–93), dem Standesorgan der amerikanischen Psychologen, veröffentlicht. Eine deutsche Übersetzung, auch auszugsweise, ist leider nicht auf dem Markt, so daß die meisten Psychologen hierzulande gar nicht wissen, was ihnen bisher erspart geblieben ist. Leider blieb auch den Behördenchefs und Personalleitern, den Arbeitsrechtlern und Gewerkschaftsfunktionären hierzulande verborgen, was ihre Kollegen im Lande der unbegrenzten Testbegeisterung an eben diesen Tests auszusetzen finden.

Gewiß mögen manche Auswüchse in den USA wilder wuchern als bei uns, doch die Probleme, die den Kongreß beschäftigten, sind auch für europäische Verhältnisse gültig. Es ging in erster Linie um Persönlichkeits-Prüfungen für Beamte, und die werden auch von deutschen Behörden mit ähnlichen Instrumenten vorgenommen.

Der Hinweis des Rechtsgelehrten Monroe H. Freedman, daß Einstellungs-Tests auch zur Entdeckung und Aussonderung politisch verdächtiger Bewerber dienen könnten, gilt auch für uns. Mehrere auch in Deutschland gebräuchliche Testverfahren (etwa der 16 PF, siehe S. 103 ff.) geben Auskunft über die konservative oder radikale Grundhaltung eines Bewerbers. Professor Freedman fragte, wie solche Informationen verwandt werden, ob sie zentral gespeichert und eventuell an andere Behörden weitergeleitet werden, und forderte, solchen Mißbrauch gesetzlich zu verhindern. Gemeinsam mit anderen Juristen erinnerte er daran, daß selbst ein Angeklagter vor Gericht nicht verpflichtet sei, sich selbst zu beschuldigen. Viele Testverfahren erwarten vom Bewerber, daß er seine eigenen Schwächen, Verfehlungen und

Ängste zugibt – eine Zumutung, die der Staat nicht an seine Beamten richten dürfe.

Die Warnung des Psychiaters Karl Menninger, daß klinische Testverfahren nicht für Zwecke der Berufsauswahl verwandt werden dürfen, gilt auch für uns. Menninger war maßgeblich an der Entwicklung der Fragebogen-Methode beteiligt; aber nicht, wie er sagte, «um Leute von irgend etwas auszuschließen, sondern um ihnen zu helfen». Er wandte sich auch sehr deutlich dagegen, daß tiefenpsychologische Verfahren benutzt werden, ohne den Bewerber darüber aufzuklären, was man eigentlich über ihn herausfinden wolle.

Natürlich traten auch Verteidiger der herrschenden Testmethoden vor dem Untersuchungsausschuß auf, beteuerten ihren guten Willen und distanzierten sich von Auswüchsen. Es kamen auch die Personaldirektoren hoher Bundesbehörden, beteuerten ihren guten Willen und schilderten ihre Auslesemethoden. Freilich stellte sich heraus, daß sie den Inhalt der in ihrem Amt verwandten Testprogramme meist nicht kannten. Nach der Vorlesung einiger direkter Fragen, die sich auf religiöse Überzeugung, auf sexuelle oder familiäre Probleme bezogen, fanden einige der hohen Herren es besser, sich ebenfalls von Auswüchsen zu distanzieren.

Das Sündenregister der Persönlichkeitstests war in schöner Eintracht von den Vertretern verschiedener Beamten-Organisationen und von kritischen Psychologen zusammengetragen und den Parlamentsausschüssen vorgelegt worden. Es umfaßte eine ganze Reihe von Vorwürfen: Persönlichkeitstest in der Personalauswahl verletzen die US-Verfassung, weil sie

1. ungehörige Fragen nach intimen Dingen stellen,
2. zur Selbstbezichtigung auffordern,
3. Rassen- und Klassenunterschiede verfestigen,
4. Neue «pseudowissenschaftliche» Vorurteile hervorrufen, indem etwa «neurotische» oder «introvertierte» Bewerber benachteiligt werden,
5. zu politischer Gesinnungskontrolle mißbraucht werden können und
6. nicht – wie andere Personalentscheidungen – auf dem Rechtsweg angefochten und kontrolliert werden können.

Außerdem wurde ihre Notwendigkeit und Vorhersage-Genauigkeit heftig bestritten. Der Kybernetiker Karl Ulrich Schmidt, Professor für Industrielle Psychologie, hat sich zwanzig Jahre lang mit der Nachuntersuchung von Testergebnissen beschäftigt und behauptet glatt, daß die von Tests erfaßbaren Persönlichkeitsmerkmale so gut wie nichts mit dem späteren Berufserfolg zu tun haben.

«Wir glauben, daß das Management der Großindustrie an diesen Verfahren interessiert ist, weil es in den Testmethoden – vielleicht unbeabsichtigt – verschiedene Techniken entdeckt hat, um die Autorität des Managements gegenüber einzelnen Arbeitern und Gewerkschaften hervorzuheben und zu verstärken. Mit Hilfe der Persönlichkeitstests hat das industrielle Management eine quasimedizinische Autorität über Arbeiter erlangt, die sich in der sozialen Anpassung zu individualistisch oder selbstbewußt zeigen.»
Karl U. Schmidt vor dem Untersuchungsausschuß des US-Kongresses

Ob die amerikanischen Test-Gegner den Aufstand vom Juni 1965 als Erfolg verbuchen, ist nicht bekannt. Zumindest wurde der Schleier der Geheimhaltung ein wenig gelüftet; die Öffentlichkeit erfuhr in Umrissen, was eigentlich in Persönlichkeitstest erfragt und ermittelt werden soll; die Beschwerden der Testopfer wurden laut. Sie wurden auch gehört: Die amerikanischen Bundesbehörden schafften noch im gleichen Jahr die Verwendung von Persönlichkeitstests für ihre Bediensteten ab. Das amerikanische Friedenskorps, das auf eine gründliche psychologische Durchleuchtung seiner Freiwilligen nicht verzichten wollte, hat aus dem umstrittensten Test, dem MMPI, alle Fragen gestrichen, die gegen Bürgerrechte oder private Empfindlichkeit verstoßen könnten. Die öffentliche Diskussion brachte ein Rad ins Rollen, das heute noch rollt: Ein Gesetzentwurf, der den Gebrauch von Persönlichkeitstests kontrollieren soll, ruht vorläufig noch in den Schubladen einiger amerikanischer Abgeordneter.

Ein Urteil des United States Supreme Court, des höchsten amerikanischen Gerichts, legte allerdings im Jahr 1971 einige Rechtsgrundsätze fest; dort heißt es: «Nichts im Gesetz verbietet den Gebrauch von Test- und Meßverfahren; offensichtlich sind sie nützlich. Der Kongreß hat indessen verboten, diesen Verfahren und Methoden entscheidenden Einfluß zuzumessen, wenn sie nicht nachweisbar ein vernünftiges Instrument zur Beurteilung des Arbeitsverhaltens darstellen. Der Kongreß hat verlangt, daß alle angewandten Tests den Menschen für die Arbeit messen müssen und nicht den Menschen als solchen.» (Official Reports of the Supreme Court, Band 401 US, S. 436)

Zahlreiche amerikanische Gewerkschaften haben entsprechende Klauseln in die Tarifverträge aufgenommen, die die Verwendung zudringlicher, beleidigender oder selbstbeschuldigender Tests ausschließen.

3. Ein internationales Ärgernis

Wer sich gegen Persönlichkeitstests zur Wehr setzen will, kann sich als Bundesgenossen auf die Menschenrechtskommission der Vereinten Nationen berufen; jedenfalls seit dem 23. Januar 1973. An diesem Tag erschien der Bericht des Generalsektretärs über «Schutz für die Privatsphäre des einzelnen im Licht des technischen Fortschritts», der sich gut zur Hälfte mit den Gefahren moderner psychologischer Tests befaßt (abgedruckt in: United Nations Economic and Social Council, Commission of Human Rights, Document E/CN.4/1116 vom 23. 1. 1973). 54 Regierungen und etwa die gleiche Anzahl internationaler Organisationen – vom Europarat bis zum Internationalen Dentisten Verband – haben sich an diesem Bericht beteiligt, ein Beweis, daß die Probleme, die auch dies Buch ausführlich behandelt, nicht nur in Amerika, nicht nur bei Sonderfällen, sondern ganz allgemein Besorgnis erwecken.

Die steigende Verbreitung von Persönlichkeitstests für Zwecke der Personalauslese und das gleichzeitig wachsende Mißtrauen gegen diese undurchsichtigen Praktiken beschäftigten in den letzten Jahren schon mehrere internationale Kongresse, die verschiedene Formen gesetzlicher Kontrolle vorschlugen. Im UNO-Bericht sind die gemeinsamen Punkte in eine Vorschlagsliste zusammengefaßt, die internationale Maßstäbe für den Schutz der Privatsphäre setzen soll:

Gesetzesvorschläge der Kommission für Menschenrechte:

«1. Die Verwendung psychologischer und physischer Untersuchungen für nichtmedizinische Zwecke durch öffentliche Institutionen oder private Firmen sollte durch staatliche Gesetzgebung derart geregelt werden, daß ein wirksamer Schutz für die Privatsphäre des einzelnen besteht . . .

Insbesondere sollten die Mitgliedstaaten folgende Mindestmaßnahmen ergreifen:

a) Gesetzliche Regelung, inwiefern, wenn überhaupt, Persönlichkeitstest und Lügendetektor-Tests in beruflichen Bewerbungssituationen verwandt werden dürfen; Regelung dieser Fragen eventuell in Tarifvereinbarungen.

b) Psychologische Untersuchungen im Zusammenhang mit Stellenbewerbung oder Ausbildung dürfen nur solche Informationen anstreben, die sich direkt auf die Anstellung oder die Fähigkeit, einen Lehrgang zu absolvieren, beziehen.

c) Die Ausbildung der Personen, die so einschneidende Instrumente wie Persönlichkeitstests und Lügendetektor-Tests anwenden und auswerten, sollte gesetzlich geregelt und kontrolliert werden.

d) Die Mitgliedstaaten sollten berufsethische Verpflichtungen anregen für alle, die psychologische Verfahren für nichtmedizinische Zwekke anwenden, und dabei insbesondere beachten,

daß Menschenwürde und Wohlbefinden der untersuchten Person geschützt werden,

daß die wirksame Einwilligung der Person vorliegen muß, nicht nur für die Untersuchung, sondern auch für die Verwendung und eventuelle Weitergabe der Ergebnisse.

e) Besondere Aufmerksamkeit muß dem Schutz der Menschenwürde im Zusammenhang mit solchen Tests gewidmet werden, die darauf rechnen, daß die untersuchte Person unbewußte Züge ihrer Persönlichkeit enthüllt, die sie möglicherweise für sich bewahren wollte.» (United Nations Economic and Social Council, a. a. O., S. 81 f.)

Welche Bedenken und Erfahrungen zur Forderung nach so weitgehenden Kontrollen führten, legt der Bericht der Menschenrechtskommission ausführlich dar. Die Privatsphäre des einzelnen müsse nicht nur vor staatlichen Eingriffen, sondern ebenso vor privatem Zugriff geschützt werden. Persönlichkeitstests verletzen diese Sphäre durch zudringliche Fragen nach intimen Angelegenheiten oder durch die Enthüllung unterbewußter Wesenszüge; dabei wird diesen Verfahren von der UNO-Kommission eine ausreichende Gültigkeit für individuelle Entscheidungen abgesprochen. Die UNO-Beamten sprechen aus eigener Kenntnis: In den sechziger Jahren wurde der Rorschach-Test zur Personalauswahl im UNO-Hauptquartier verwandt und wegen schlechter Erfahrungen wieder aufgegeben. Der Bericht erwähnt als umstrittene Testverfahren namentlich die amerikanischen Fragebogen MMPI, MPI, 16 PF, außerdem den Rorschach-Test, den TAT und verschiedene andere projektive und Situationstests. Sie werden alle auch in Deutschland zu Auslesezwecken verwandt und sind in diesem Buch auf den Seiten 45 bis 111 ausführlich dargestellt.

Als weitere Gefahr für die Menschenrechte wird angedeutet, daß die Ergebnisse von Persönlichkeitstests leicht in die falschen Hände kommen können. Eine amerikanische Umfrage bei 130 Großunternehmen ergab, daß etwa die Hälfte davon bereit war, die Testunterlagen ihrer Angestellten an Behörden oder an andere Firmen weiterzugeben. (Vgl. hierzu: J. M. Rosenberg, *Death of Privacy*, New York 1969, S. 78 f.)

Der UNO-Bericht legt übrigens Wert darauf, sich nicht etwa grundsätzlich gegen Testverfahren zu wenden. Für medizinische, therapeutische oder Beratungszwecke oder auch im Rahmen der wissenschaftlichen Forschung werden selbst Eingriffe in die Privatsphäre als notwendiges Übel hingenommen und durch das übergeordnete Ziel gerechtfertigt. Im Rahmen der Berufsauslese werden diese Methoden jedoch sehr viel kritischer betrachtet. Selbst wenn der Getestete sich freiwillig zur Verfügung stellt, so sei diese Freiwilligkeit bei Personen, die Arbeit oder Beförderung suchen, nicht «echt», denn eine Weigerung bringe ihnen vermutlich Nachteile.

Aus den gesammelten Erfahrungen vieler Berufsgruppen und Länder urteilt der Generaldirektor des Internationalen Arbeitsamtes, der eine durchaus positive Einstellung zu praktischen Eignungs- und Leistungstests hat:

«Tests sichern oft größere Gerechtigkeit als die häufig benutzten Interviews, die es erlauben, einen Kandidaten unter irgendwelchen Vorwänden abzuweisen, doch bringen sie dafür andere Probleme mit sich: Es ist erwiesen, daß sie kulturelle Randgruppen benachteiligen. Diese Diskriminierung mag manchmal beabsichtigt sein, meist beruht sie aber auf der Tatsache, daß Personen, die einer Minderheit angehören oder kulturell unterentwickelt sind, von vornherein im Wettbewerb mit andern benachteiligt sind, was bestimmte Tests – etwa sprachlicher Art – betrifft. Diese Art des Testmißbrauchs kann nur beseitigt werden, wenn Testverfahren auf eine Vielzahl kultureller Hintergründe zugeschnitten werden.

Zweitens: Tests und Interviewtechniken, die die Persönlichkeit durchdringen und solche Unwägbarkeiten wie Gefühl, Einstellung, inneres Gleichgewicht, Anpassung oder Belastbarkeit messen wollen, sind oft so angelegt, daß sie die politische Haltung des Bewerbers oder seine Ansichten über intime, religiöse, politische, sexuelle oder familiäre Probleme aufdecken. Es gibt Tests, die das Unterbewußte eines Menschen erforschen und Dinge enthüllen, die keine direkte Beziehung zur zukünftigen Anstellung haben; ihre Ergebnisse sind oft von zweifelhafter Gültigkeit, insbesondere, wenn sie von Leuten verwandt werden, die nicht die entsprechende psychiatrische oder psychologische Qualifikation aufweisen.

Durch unzuverlässige oder sinnlose Testergebnisse kann die ganze Karriere eines Individuums in Frage gestellt, sein Selbstvertrauen unnötig erschüttert werden. Der Arbeitgeber oder auch derjenige, der sich entschließt, den Bewerber nicht anzustellen, erwerben eine Fülle tatsächlicher oder vermuteter Informationen höchst persönlichen Charakters, die nicht auf die Arbeitsleistung des Bewerbers bezogen sind . . .

Diese Probleme sind durch die neuere Entwicklung der Datenspeicherung sehr viel dringlicher geworden. Nachteilige Informationen über einen Arbeitnehmer, ob unfair, irreführend oder nur überflüssig, sind bedrohlicher geworden, weil sie länger aufbewahrt und weniger leicht vergessen werden.» (International Labour Office [Hg.], *Technology for Freedom*, Genf 1972, S. 29f.)

Der Vorschlag des Internationalen Arbeitsamtes, sowie der meisten zitierten Experten, geht nicht etwa dahin, alle Tests abzuschaffen, sondern spezifische, der Arbeitssituation angemessene Verfahren zu benutzen. Für Positionen, die besondere Anforderungen an die Persönlichkeit stellen, sollten Instrumente gefunden werden, die die berufsbezogenen Persönlichkeitsmerkmale messen, ohne deshalb in die Privatsphäre einzudringen.

Offensichtlich hat niemand ein Patentrezept für die Kontrolle psychologischer Ausleseverfahren anzubieten; offensichtlich sind die Gemüter anderswo stärker von diesem Problemkreis beunruhigt als bei uns. Vielleicht hat man in der BRD mehr Vertrauen in die Wissenschaft oder eine dickere Haut in Fragen der Menschenrechte?

Die Bundesregierung läßt zumindest in ihrem Sozialbericht vom Oktober 1973 durchblicken, daß ein künftiges Arbeitsvertragsgesetz auch eine Kontrolle der psychologischen Auswahl-Verfahren enthalten soll. Ein erster Warnschuß für die allzu leichtfertigen Test-Fans und zugleich ein Stück moralischer Rückendeckung für alle, die sich bisher nur durch stille Manipulation dem ungerechtfertigten Anspruch auf Selbstentblößung entziehen konnten.

«Das Instrument der Psychodiagnostik ist heute eine stumpfe und fast nutzlose Waffe im Kampf gegen die Probleme unserer Gesellschaft. Es ist zu wertvoll – trotz allem –, um den Psychologen überlassen zu bleiben. Die Zeit sollte vorbei sein, in der Fachleute Kritik zurückweisen.»

Georg Sieber, *Achtung Test*, Reinbek 1971, Seite 122.

4. Die Rechtslage in der BRD

Eine zukünftige Gesetzgebung mag eines Tages für lupenreine Auslesemethoden sorgen; der Unmut internationaler Organisationen mag leichtfertige Testpraktiker auf ihre Verantwortung und auf die Menschenrechte hinweisen – doch was nützt das dem besorgten Leser, der sich heute oder morgen einer solchen Prüfung gegenübersieht? Er kann ja mal versuchen, dem Personalberater mit der UNO zu drohen oder eine Entscheidung des US Supreme Court zu zitieren; vielleicht macht es sogar Eindruck.

Handfeste Hinweise auf die augenblickliche Rechtslage eines bundesdeutschen Bewerbers sind spärlich: Es gibt kein Gesetz, keinen Kommentar und nicht einmal eine Gerichtsentscheidung zu diesem Thema. Zwar haben unzufriedene Testopfer schon öfter Klage erhoben, doch seltsamerweise kam es noch nie zu einem Prozeßurteil: Stets verglichen sich die streitenden Parteien außerhalb des Gerichtssaales. Vielleicht ist es gar nicht so seltsam: Arbeitnehmer, Anwälte und Gerichte scheuen die komplizierte Materie.

Ein einsamer Streiter scheut sich nicht, seit Jahren in Vorträgen,

Aufsätzen und Diskussionen gegen diese Rechtsunsicherheit anzukämpfen. Dr. Karl-Heinz Schmid, Rechtsanwalt und Direktor der Mannesmann-Röhrenwerke in Düsseldorf, sammelt Übergriffe und Rechtswidrigkeiten im Personalwesen, wie andere Leute Briefmarken sammeln; allerdings nicht, um sie in ein Album zu kleben, sondern um sie abzuschaffen. Seine Streitschrift gegen widerrechtliche Karriere-Tests (*Psychologische Testverfahren im Personalbereich. Eine Darstellung ihrer rechtlichen Problematik für Personalleiter, Psychologen und Juristen*, Köln 1971) ist bisher leider nur Fachleuten bekannt. Dr. Schmid untersucht darin die zur Zeit in Deutschland üblichen Tests und ihre geschäftstüchtigen Fürsprecher auf ihre Rechtsgrundlage. Mit juristischer Gründlichkeit prüft er die Interessenlage der Betroffenen und kommt zu dem Ergebnis, daß viele Intelligenz- und die meisten Persönlichkeitstests in der Betriebspraxis nichts verloren haben, daß aber die meisten Personalleiter gar nicht wissen, welche Maßstäbe der Zulässigkeit hier anzuwenden sind.

Sechs Voraussetzungen müssen – nach Schmid – erfüllt sein, um ein Testverfahren im Personalbereich rechtlich zulässig zu machen.

1. Die Einwilligung der Testperson muß vorliegen. Kein Bewerber ist verpflichtet, sich testen zu lassen; der Mitarbeiter eines Betriebes kann unter Umständen dazu verpflichtet sein, wenn es sich nämlich um eine «sachgerechte Anordnung» handelt.

2. Die Untersuchung muß von einem Fachpsychologen geleitet sein, andernfalls kann man die Teilnahme ablehnen.

3. Der Psychologe ist verpflichtet, die Testperson über Art und Umfang der Untersuchung aufzuklären, insbesondere, welche Merkmale geprüft werden.

4. Es muß ein sachlich begründeter Anlaß zum Personaltest vorliegen, also etwa ein Arbeitsplatz oder eine Ausbildungsmaßnahme, die besondere psychische Anforderungen stellen. Routinemäßige Reihenuntersuchungen ohne zwingende betriebliche Begründung sind nicht zulässig.

5. Test und Gutachten dürfen sich nur auf Merkmale beziehen, die im unmittelbaren Zusammenhang mit dem Arbeitsverhältnis stehen.

6. Das Gutachten gehört in die Personalakte, die jeder Arbeitnehmer auf Verlangen einsehen kann. Bewerber, die nicht eingestellt werden, können verlangen, daß die Testunterlagen vernichtet werden.

Gegen diese Grundsätze wird leider ständig verstoßen. Dr. Schmid berichtet von Lehrgängen und Seminaren für Personalleiter, die – etwa unter dem Titel «Integrale Menschenkenntnis» – innerhalb von acht Tagen die Lehrgangsteilnehmer mit fragwürdigen Testmethoden vertraut machen oder unzulässige Fragebogen empfehlen.

«Hier hantieren Personen mit einem klinischen Instrumentarium, denen hierzu oft jegliche Qualifikation abgeht, die dafür aber meist um so handfestere materielle Interessen damit verbinden. Die Seeleninventur wird hier zum Geschäft! Man muß sich wirklich wundern, daß viele Firmen von ihren Bewerbern und Mitarbeitern eine solche die Selbstachtung zerstörende und die Persönlichkeitssphäre zutiefst verletzende Selbstentäußerung verlangen.»
Karl-Heinz Schmid, a. a. O., Seite 221.

Der zornige Jurist empfiehlt Zivilcourage: Niemand sollte in einen Test einwilligen, ohne genau zu prüfen, ob die rechtlichen Voraussetzungen vorliegen. Wer nachträglich feststellt, daß er einem unzulässigen Verfahren unterworfen wurde, kann auf Schadenersatz klagen, wenn er etwa durch Fragen zur Intimsphäre eine schwere Persönlichkeitsverletzung erlitten hat.

Es gibt freilich Lebenslagen, in denen dieser Rat nicht viel nützt. Wer in seiner Firma weiterkommen will, wer sich um eine neue Stellung bewirbt, hat oft keine andere Wahl, als sich zu fügen. Kein Betrieb und keine Behörde können gezwungen werden, einen Bewerber einzustellen. Je verlockender der Job, desto eher ist man bereit, sich Bedingungen zu unterwerfen, denen man eigentlich widersprechen sollte.

Zum Glück gibt es auch für diesen Fall noch juristischen Trost: Man ist nicht etwa verpflichtet, grundsätzlich die Wahrheit zu sagen; auch wenn man sich dem unzulässigen Testverfahren äußerlich unterwirft, darf man doch heimlich Widerstand leisten, ohne gleich schädliche Rechtsfolgen befürchten zu müssen.

«Eine Verpflichtung zu einer wahrheitsgemäßen Beantwortung besteht nur bei solchen Fragen, die nicht unzulässigerweise in die rechtlich geschützte Intim- und Individualsphäre des Arbeitnehmers eingreifen, so daß falsche Antworten auf unzulässig gestellte Fragen den Arbeitgeber nicht zur Anfechtung des Arbeitsvertrags berechtigen.»
Karl-Heinz Schmid, a. a. O., Seite 152.

Mit andern Worten: man darf schwindeln, wenn man nach Dingen gefragt wird, die den Arbeitgeber nichts angehen. Die Grenze ist allerdings nicht immer leicht zu ziehen.

Krankheiten und Vorstrafen z. B. dürfen nicht verschwiegen werden, wenn sie einen Bezug zum Arbeitsplatz oder zur vorgesehenen Position des Bewerbers haben. Hier kann eine unwahre Antwort als arglistige Täuschung gelten, die den Arbeitgeber zur späteren Anfechtung des Arbeitsvertrags berechtigt.

In allen andern Fällen aber, ob nach dem Innen-, Liebes- oder Familienleben, nach Religion oder Freizeit, nach Alpträumen oder

Lieblingsbeschäftigungen gefragt wird, erlaubt der Gesetzgeber, so zu antworten, wie man es für richtig und nützlich hält. Ganz abgesehen davon, daß die Wahrheit in all diesen Fragen meist eine sehr subjektive Angelegenheit ist.

5. Gewissensbisse

«Als Entgelt für das Gehalt, das die Organisation dem Menschen zahlt, kann sie hervorragende Arbeit verlangen, aber sie sollte nicht auch noch seine Seele fordern. Wenn sie es tut, muß er sie ihr vorenthalten. Aber auf vernünftige Weise. Die bürokratische Methode steckt schon zu sehr in den meisten von uns, als daß er ohne sich zu schaden die Tests glatt ablehnen könnte. Aber er kann schwindeln. Er muß es sogar. Er soll sich selbst achten.»
William H. Whyte, *Herr und Opfer der Organisation*, Düsseldorf 1958, Seite 204.

Gewissensbisse sind fehl am Platze: Sie sind von der anderen Seite – von Testkonstrukteuren und -praktikern – auch gar nicht eingeplant. Dort geht man sowieso von der Vermutung aus, der Proband werde sich so günstig wie möglich darstellen oder sein Inneres überhaupt zu verbergen suchen. Selbst wenn er die naive Absicht haben sollte, ganz offen zu sein, rechnet die Wissenschaft noch mit «unbewußter Abwehr», mit blinden Flecken der Selbstwahrnehmung und anderen Störfaktoren, die eine ehrliche Offenbarung des eigenen Wesens verhindern. Die Strategie der Psychodiagnostiker beruht daher auf Tricks und Winkelzügen, um den Bewerber in Sicherheit zu wiegen oder zu überrumpeln: Man versichert ihm z. B., es gebe keine «richtigen und falschen Antworten»; man läßt ihn glauben, es handle sich nur um eine Prüfung des Wortschatzes oder der Zeichenfähigkeit; man vermeidet den Ausdruck «Test», um den Probanden nicht zu beunruhigen, und legt Lügenfallen aus, weil man seiner Offenheit von vornherein mißtraut. Die Tester zeigen auch gar kein schlechtes Gewissen wegen dieser undurchsichtigen Praktiken: Sie fühlen sich offenbar voll gerechtfertigt durch die vermuteten Täuschungsabsichten des Bewerbers. Der sollte sie also nicht enttäuschen!

Hier zeigt sich der Unterschied zwischen Persönlichkeitstests und anderen Testverfahren. Wo es um Leistung oder Fähigkeit, um erlerntes Wissen oder erworbene Handfertigkeit geht, steht die Ehrlichkeit der Beteiligten nicht zur Diskussion. Diese Tests lassen sich kaum «knacken», sie bedürfen auch nicht der Verschleierung. Die Fähigkeit, eine Drahtschlinge zu biegen oder eine Zahlenreihe zu addieren, läßt sich auch durch Manipulation nicht wesentlich verändern: So muß auch die Konstruktion solcher Leistungstests nicht mühsam geheimgehalten werden. (Ob sie wirklich etwas über den späteren Berufserfolg aussagen, ist eine ganz andere Frage.)

Der Versuch, das Seelenleben eines Bewerbers zu prüfen und seine unbekannten Tiefen auszuloten, ist also moralisch und juristisch unzulässig; er ist übrigens auch wissenschaftlich umstritten. Warum sollte ausgerechnet die Versuchsperson in diesem zweifelhaften Verfahren sich strengen moralischen Regeln unterwerfen?

Wer vorwärtskommen will und dabei auf eine unzulässige Testhürde stößt, hat zwei Möglichkeiten: entweder protestieren oder mitmachen. Zum Protestieren gibt es gute Gründe.

Doch wenn er sich einmal entschlossen hat, die Hürde zu nehmen, dann gibt es nur noch eine einzige Möglichkeit: so gut, so sicher, so geschickt darüberzusetzen, wie irgend möglich. Wer zögert, stolpert.

«Hier sei eingeschaltet, daß es keine psychologischen Tests – weder Intelligenztests noch Tests von Affekten oder mentalen Abweichungen, noch Einstellungs-Skalen – gibt, die einen Simulanten entdecken können. In einigen Persönlichkeitstest hat man solche Fragen eingeschoben, die solches Verstellen aufdecken sollen. Wenn der Getestete aber einigermaßen konsequent ist – und das ist beim Formular-Ausfüllen nicht schwer –, dann kann seine Verstellung nie entdeckt werden.»
Carl G. Liungman, *Der Intelligenzkult*, Reinbek 1973, Seite 118.

Strategie und Gegenstrategie

1. Der ideale Test

Die Wissenschaft vom Test kennt strenge Regeln. Die Männer der Praxis halten sich zwar nicht unbedingt daran, doch als Argument, als Schlagwaffe im Wortstreit, wird das Gütesiegel der Psychodiagnostik stets gern zur Schau getragen. Man spricht von Eich- und Normwerten, man beruft sich auf Validität und Reliabilität, auf Faktorenanalyse und Kreuzvalidierung, bis der skeptische Laie sich erschöpft aus der Kampflinie entfernt: eine Technik, die so viele eigene Fremdworte hervorgebracht hat, läßt sich mit gesundem Menschenverstand allein wohl nicht fassen.

So entzieht sich die Testpraxis geschickt der kritischen Nachprüfung durch ihre Opfer; hinterm Dunstschleier des wissenschaftlichen Vokabulars können sich nur noch Akademiker orientieren. Alle andern halten sich vorsichtig fern. Und daß selbst die «Fachleute» in Wahrheit meist überfragt sind, daß selbst unter den Studierten nur ein winziges Grüppchen die Geheimsprache der Testtheoretiker beherrscht –, das wird nur ungern zugegeben. Die herzliche Verachtung, mit der psychologische Schulen einander bekämpfen, der mitleidige Spott, den die Frisch-Diplomierten für alle Uralt-Praktiker über 35 empfinden (und umgekehrt), der ganze giftige Experten-Hickhack dringt nicht an die Öffentlichkeit.

Es ist vielleicht verständlich, daß Standesinteressen höher eingeschätzt werden als Durchsichtigkeit. Die Psychologen haben einen schweren Stand, zwischen Naturwissenschaftlern und Humanisten ihren Platz zu behaupten; sie sind noch immer damit beschäftigt, sich gegen die herablassende Behandlung durch andere ehrwürdige Wissenschaften zu wehren. Um gegen Angriffe von außen gewappnet zu sein, mag der gemeinsam fabrizierte Nebelschleier des Vokabulars, die Übereinkunft der Geheimhaltung, eine nützliche Funktion haben. Doch die Betroffenen, die Mitbürger, an denen psychologische Praxis verübt wird, können sich kaum damit zufriedengeben, wenn ihnen blindes Vertrauen in die Wissenschaft zugemutet wird. Wer sich dem Wunderglauben widersetzt, wird leicht als fortschrittsfeindlicher Nörgler abgetan. Wer sich nicht zutraulich unterwirft, wer Kritik und Überprüfung der Testverfahren fordert, der stößt sich an der Hürde der Expertenargumente, am Kauderwelsch von Zahlen und Fremdworten, mit dem die Geheimnisse der Psychodiagnostik vor der Außenwelt abgeschirmt sind. Aber man muß sich davon nicht unbedingt in die Flucht schlagen lassen.

Es lohnt sich, unerschrocken näher hinzusehen, denn auch dem Laien sind wertvolle Einblicke möglich. So zeigt sich rasch, daß viele Testverfahren gegen ihre eigenen Gesetze sündigen. Oft berufen sich gerade diejenigen am lautesten auf die heilige Wissenschaft, deren Methoden von seriösen Forschern mit Skepsis betrachtet werden, weil sie schon gegen die Grundbegriffe der Psychodynamik verstoßen. Fünf Gütekriterien sollen – so will's die klassische Lehre – zumindest ausreichend erfüllt sein, damit ein Testverfahren allgemein anerkannt wird.

1. Standardisierung
Die äußeren Bedingungen, unter denen der Test stattfindet, das Verhalten des Testleiters, die Umweltbedingungen usw. müssen genau festgelegt sein. Das Testmaterial darf nicht verändert, erweitert oder nur teilweise benutzt werden.

2. Objektivität
Die Auswertung muß vom Testleiter unabhängig festgelegt sein. Es darf kein Ermessensspielraum für die Beurteilung der Ergebnisse bestehen.

3. Eichung
Eine Normentabelle auf Grund empirischer Forschung muß Vergleiche mit den Testergebnissen vergleichbarer Personengruppen ermöglichen. Ein in USA geeichter Test läßt sich z. B. nicht ohne weiteres auf unsere Verhältnisse übertragen.

4. Zuverlässigkeit (Reliabilität)
Das Testergebnis darf nicht vom Zufall abhängig sein; es muß stabile Merkmale messen, die höchstens geringen Schwankungen unterworfen sind.

5. Gültigkeit (Validität)
Das Merkmal, das gemessen werden soll, muß tatsächlich vom Test erfaßt werden. Die Ergebnisse müssen von der «Wirklichkeit» oder von anderen unabhängigen Testverfahren bestätigt werden.

Diese strengen Gütekriterien sind sehr eindrucksvoll. Der Laie ist geneigt, sich ehrfürchtig zurückzuziehen und jede Kritik an derart gründlich überprüften Verfahren zu unterlassen, wenn er nicht gleichzeitig erfährt, daß diese Maßstäbe nur prinzipiell gelten. Sie sind aus den Naturwissenschaften übernommen, in denen man tatsächlich so streng kontrollieren, so eingegrenzt experimentieren kann. Wo es aber um Menschen geht, gelten all diese Regeln nur annäherungsweise. Selbst der «allerbeste» Test ist nur halbwegs gültig und einigermaßen zuverlässig. Der Hinweis auf die Güteregeln bedeutet also nicht, daß sie eingehalten, sondern bestenfalls, daß sie angestrebt werden. In diesem Streben sind jedoch die verschiedenen Testarten unterschiedlich erfolgreich. So gelingt es manchen Leistungstests, den idealen Forderungen ziemlich nahe zu kommen. Ob z. B. eine Versuchsperson rechnen kann, läßt sich an einer Auswahl von Aufgaben nachprüfen. Die Ergebnisse sind nicht vom Versuchsleiter und kaum von der Situation abhängig; sie lassen sich mit den Rechenkünsten anderer Personen vergleichen, und man darf sich auch darauf verlassen, daß die Versuchsperson nächste Woche nicht viel anders rechnen wird als heute. Allerdings kann man aus dem Ergebnis keine Voraussagen über den Berufserfolg oder den Arbeitseifer ableiten, denn der Test kann nur für jene Fähigkeiten gültig sein, die er gemessen hat.

Beim Testen der Persönlichkeit stößt man hingegen auf Probleme, die das Anwenden der Güteregeln weitgehend verhindern.

«Die außerordentliche Schwierigkeit der Persönlichkeitsdiagnostik liegt darin, daß sie es – anders als die Leistungs- und Begabungsdiagnostik – mit Bewährungssituationen zu tun hat, die selbst unscharf umrissen sind. Eine Leistungsdiagnose bestätigt sich, wenn die für eine bestimmte Tätigkeit auf Grund von Tests ausgewählten Probanden dieser in einem höheren Prozentsatz gerecht werden als eine Gruppe unausgelesener Anwärter. Für Aussagen über die Persönlichkeit stehen Kriterien dieser

Art kaum zur Verfügung; das Lernen an den Erfolgen und Mißerfolgen eines diagnostischen Verfahrens wird dadurch sehr verzögert.»
Peter Hofstätter, *Psychologie*, Frankfurt 1971, Seite 228.

Die Freunde der Persönlichkeitstests – und vor allem die, die daran verdienen – versuchen zum Teil, aus der Not eine Tugend zu machen, indem sie die Strenge der diagnostischen Kriterien für engherzig und entbehrlich erklären. So entstand der Begriff des Breitband-Instruments, das den Menschen großzügig und allumfassend begreift und darum auf kleinkarierte Genauigkeit verzichten kann. Schon das Wort «Persönlichkeit» beschreibt einen solchen Breitband-Begriff, aus Temperament und Charakter, aus Eigenschaften und Werthaltungen, aus offenen Verhaltensweisen und verborgenen Trieben zusammengesetzt.

Die Instrumente, dieses breite Band zu vermessen, unterscheiden die beiden wesentlichen Schulen voneinander: die Anhänger der projektiven und der Fragebogen-Methode. Die ersteren gehen von der Vorstellung einer ganzheitlichen Persönlichkeit aus, die in mehr oder weniger tiefen Schichten erfaßt werden kann. Mit dem Testmaterial – etwa mit den Rorschachschen Tintenklecksen – wird jeweils eine Aufgabe gestellt, die so wenig umrissen, so unstrukturiert ist, daß die Testperson zu ihrer Bewältigung auf eigene Erfahrungen zurückgreifen muß. In den Antworten, Bildern oder Deutungen spiegelt sich also das Innenleben, das der Diagnostiker nun mühelos ablesen kann.

Die zahlreichen Methoden, solche Projektionen festzuhalten, sollen später ausführlich dargelegt werden. Gemeinsam ist ihnen allen, daß sie für Außenstehende kaum durchschaubar sind – eine Tatsache, die von den Verfassern immer wieder mit großer Genugtuung betont wird. Keine Testanweisung, die nicht in das stolze Rumpelstilzchen-Lied einstimmt: «Ach wie gut, daß niemand weiß, daß ich – verborgene Geheimnisse lesen kann.» Die Ahnungslosigkeit der Testopfer gibt den Diagnostikern dieser Schule nicht nur eine angenehme Überlegenheit, sie schützt auch vor etwaigen Täuschungsmanövern. Dieser Vorteil scheint so groß, daß man dafür gern bereit ist, auf die Erfüllung der klassischen Güteforderungen – also Standardisierung, Objektivität, Gültigkeit und Zuverlässigkeit – zu verzichten. Um so ärgerlicher ist es, daß Widersacher aus rivalisierenden Psychologen-Schulen behaupten, die projektiven Tests seien gar nicht so undurchsichtig, wie sie vorgeben.

«Es scheint falsch, anzunehmen, daß der Durchschnittsbürger von projektiven Techniken völlig überrumpelt wird und gar nicht weiß, was er enthüllt. Er mag zwar höflich den Anweisungen lauschen, daß seine ‹schöpferische Fantasie› getestet werde; aber der Psychologe ist naiver

als der Proband, wenn er glaubt, daß die meisten Probanden nicht instinktiv erkennen, wieviel sie dabei verraten können.»
R. B. Cattell, *Projection and Design of Projective Tests*, o. O., 1944.

Die Fragebogen-Methode geht von vornherein einen andern Weg, indem sie sich auf die Selbsteinschätzung der Probanden stützt. Die Darstellung eigener Meinungen und Verhaltensweisen soll Rückschlüsse auf die Persönlichkeit erlauben, wobei diese Persönlichkeit aus einem unterschiedlich großen Bündel von Charakterzügen, Trieben, Bedürfnissen usw. bestehen mag. Da hat jeder Testautor seine eigene Theorie. Gemeinsam ist allen Fragebogen, daß sie standardisierte Antworten vorsehen: Man kann sich nur zwischen zwei oder drei vorgeschriebenen Möglichkeiten entscheiden. Die Auswertung kann mechanisch erfolgen, ist also weitgehend objektiv und kann mit Normen verglichen werden. Auch Zuverlässigkeit und Gültigkeit liegen relativ hoch, wenn man die Verfälschbarkeit außer acht läßt. Denn bei allen Fragebogen kann mehr oder weniger leicht geschwindelt werden, und so weiß man nie genau, ob das Endergebnis wirklich vom Charakter oder nur von einer unterschiedlich wirksamen Lügentechnik geprägt ist.

Da es den eingeführten Testmethoden bei aller Mühe bisher nicht gelungen ist, unehrliche Probanden mit Sicherheit zu entlarven, werden immer wieder neue Techniken ersonnen, die die Persönlichkeit auf andere Weise messen wollen. Die meisten von ihnen stehen wissenschaftlich auf noch recht wackeligen Füßen. So wird auch die ehrwürdige Kunst der Graphologie, die in der Personalauslese einen wichtigen Raum einnimmt, nicht zu den Persönlichkeitstests gerechnet. Gewiß ist die Handschrift ein charakteristisches Merkmal des einzelnen, sie läßt sich auch in Faktoren und Beurteilungssysteme gliedern, die eine objektive und zuverlässige Auswertung zulassen würden – wenn man mal annehmen will, daß die Graphologen sich tatsächlich an solche starren Regeln halten –, doch gibt es bisher keinen Nachweis der Gültigkeit.

«Wenn wir vor der Aufgabe stehen, über einen Mitmenschen ein psychologisches oder charakterologisches Gutachten auszuarbeiten, übernehmen wir eine riesige Verantwortung. Denn angenommen, wir beurteilen diesen Menschen falsch, dann tun wir ihm ebenso unrecht, als wenn wir ein Attentat auf ihn ausführten.»
Hans Zulliger, *Der Zulliger-Tafel-Test*, Bern 1962, Seite 126.

Die Gültigkeit eines Persönlichkeitstests ist kein abstrakter wissenschaftlicher Begriff, sondern direkter Bestandteil der Verantwortung, die gerade bei Personalauslese und anderen individuellen Schicksalsentscheidungen besonders schwer wiegt. Selbst der ideale Test, der alle

Gütekriterien erfüllt, erlaubt keine hundertprozentige Voraussage, wie der Proband sich in künftigen Situationen verhalten wird. Es gibt immer einen Meßfehler, der einzelnen unrecht tut. Wie groß aber die Anzahl der Individuen ist, denen mit Hilfe von Testverfahren Unrecht widerfährt – das sollte das entscheidende Gütekriterium der Testpraxis sein.

2. Das ideale Profil

Tapferkeit allein macht keinen guten Ritter. Der Entschluß, sich unerschrocken durchzuschlagen, reicht nicht aus, um gegen die Tücken eines Persönlichkeitsverhörs zu bestehen. Es gilt auch, gut gerüstet zu sein und einen Kampfplan im Hinterkopf zu haben. Jeder einzelne Test ist mit Mühe – und oft nicht ohne Hinterlist – vom Gegner ersonnen; meist sind mehrere Tests zusammengefaßt. Man nennt das eine «Testbatterie»; wahrscheinlich, weil die Rüstung des Testopfers im Trommelfeuer der Fragen zusammenbrechen und der verborgene Kern enthüllt werden soll.

Wer solche Entblößung vermeiden will, muß vorbeugen. Es empfiehlt sich, die Rüstung so zu verstärken, daß sie dem Angriff standhält, daß sie vor allem eine geschlossene Front zeigt, ohne Risse und Lücken.

So muß der Bewerber, noch ehe er den Fuß in die Höhle des Betriebspsychologen oder Testinstituts setzt, schon recht genau wissen, welchen Eindruck er machen möchte. Je deutlicher das Bild der erwünschten Persönlichkeit vor seinem inneren Auge steht, desto sicherer wird er diese Charakterrolle spielen können. In den folgenden Kapiteln werden die einzelnen Tests genau beschrieben, ihre Klippen und Fallstricke und wie man sie umgeht. Sie messen die unterschiedlichsten Wesenszüge oder auch global das gesamte Innenleben, und wenn man erst weiß, mit welcher Latte jeweils gemessen wird, dann läßt sich auch das Ergebnis bestimmen. Doch wie das Ergebnis aussehen soll, welche Persönlichkeitsvariante für den einzelnen jeweils erstrebenswert ist: das sollte vorneweg geplant sein.

Der zielstrebige Kandidat studiert seinen künftigen Arbeitsplatz, den Geist der Firma und ihren Führungsstil, aus allen Hinweisen, die er kriegen kann, und sortiert die Forderungen, die ihm dabei begegnen. Fast immer sind es die gleichen Klischees: Dynamik, Führungsqualitäten, Teamfähigkeit – Leerformeln, die alles oder nichts bedeuten können –, doch lassen sich beim geduldigen Hinschauen auch individuelle Varianten entdecken. Wird Kreativität verlangt? Ist mehr von Durchsetzungskraft und Selbstbewußtsein die Rede oder von Sorgfalt und Gewissenhaftigkeit?

Wer sich innerhalb des Betriebes um Aufstieg bemüht, kennt die

Forderungen, die dort gestellt werden; wer sich von außen einem unbekannten Unternehmen nähert, hat es schwerer, die Tugenden zu erraten, die dort besonders hoch im Kurs stehen. Zum Glück gibt es einen ganzen Volksschatz von Binsenweisheiten und Vorurteilen, die auch in der Praxis immer wieder angewandt werden: Beamte sind fleißig und gewissenhaft. Werbeleute müssen kreativ sein. Verkaufsleiter sind ungewöhnlich kontaktfreudig. Flugzeugführer reden wenig, handeln schnell. Ein gut Teil dieser Vorurteile findet sich auch im Berufsprofil wieder, das meist den Anforderungen an den Bewerber zugrunde liegt.

Ein heiterer amerikanischer Leitfaden zum Überlisten von Persönlichkeitstests beschreibt, wie der Bewerber dies Profil erraten kann.

«Es ist gar nicht so schwer, wie man glaubt, so ein Profil zu bestimmen. Sie stellen sich einfach vor, welche Art von Leuten diesen Job in Büchern, im Kino oder im Fernsehen ausfüllen. Das müssen Sie sich vor dem Test gut überlegen. Dann können Sie diesen romanhaften Typ als Bezugsrahmen für Ihre Antworten benutzen. Ob Buchprüfer oder Werbeleiter, ob Bürochef oder Generalvertreter, ob Künstler oder Manager: für alle diese Posten gibt es stereotype Vorbilder.»
Charles Alex, *How to Beat Personality Tests*, New York 1967, Seite 21.

Natürlich wird jeder ernste Testpraktiker bestreiten, daß die Idealprofile, an denen er die Bewerber mißt, auf Klischees beruhen. Sie werden auch tatsächlich oft mit größerem Aufwand hergestellt, zum Beispiel aus den Durchschnittswerten von besonders erfolgreichen Vertretern des jeweiligen Berufs errechnet, doch ergeben sich dabei nur selten überraschende Persönlichkeitsbilder, die etwa vom gängigen Vorurteil entfernt wären.

Ein erfolgreicher deutscher «Psychotechniker», der in Büchern und Lehrgängen für die Verbreitung von Persönlichkeitstests wirbt, beruft sich auf eine sogenannte «contentanalytische Untersuchung» zur Ermittlung von Führungseigenschaften. Er befragte neun Experten und überprüfte neun Bücher, um wissenschaftlich herauszufinden, was eine Führungskraft braucht.

«Grundvoraussetzung für die Führungsqualifikation ist der Leistungsnachweis in sieben psychologischen Eignungsbereichen (potentieller Aspekt).

Contentanalyse und Beratungserfahrung präzisieren: Belastbarkeit, Intelligenz, Urteilsfähigkeit, Entscheidungsfähigkeit, persönliche Integrität, Repräsentation, Einfühlungsvermögen.»
J. E. Klausnitzer, *So teste ich meine Führungsqualitäten*, München 1973, Seite 18.

Wie diese schönen Eigenschaften ins praktische Verhalten übersetzt werden, woran man sie erkennt, wie man sie prüft, wird freilich nicht verraten. Die Begriffe bleiben schwammig, daran ändert auch der wissenschaftliche Anspruch nichts, unter dem sie zusammengetragen wurden. Schon vor zehn Jahren hat man in Amerika ähnliche Anforderungen an den idealen Manager zusammengestellt.

«Zusammengefaßt sind es sieben persönliche Merkmale, die für eine wirtschaftliche Führungskraft besonders zweckdienlich zu sein scheinen: große Energie; geschickte Menschenführung; eine besondere Art von Intelligenz mit der Bereitschaft zum Wagnis; guter Wortschatz und Ideenreichtum; die Fähigkeit, treffend und energisch auf Provokationen zu reagieren; die Freude an der Leitung von Aufgaben; die Fähigkeit, seine Umgebung zu überzeugen, man wisse, wohin es geht.

Wem es an den meisten dieser Voraussetzungen fehlt, wird es vermutlich nicht schaffen.»

Vance Packard, *Die Pyramidenkletterer*, Düsseldorf 1963, Seite 210.

Auch hier ist eine magische Siebenzahl von Tugenden versammelt, wie sie dem traditionellen Wunsch- und Leitbild einer tüchtigen Spitzenkraft entsprechen. Ob diese Eigenschaften wirklich im Management stärker vertreten sind als anderswo, entzieht sich jeder Kontrolle. Der Kandidat für einen solchen Posten darf aber annehmen, daß sie dort als erstrebenswert gelten, und sollte sie deshalb maßgebend bei der Planung seines eigenen Profils berücksichtigen.

Originelle Ansichten, abweichende Meinungen oder die Kenntnis betriebswirtschaftlicher Theorien können beim Testverhör nur Schaden anrichten. Die Auswertung richtet sich nach Tradition und Mittelmaß; wer aus dem Rahmen fällt, paßt auch nicht ins vorgegebene Berufsprofil und hat wenig Aussicht, die Auslesehürde zu überspringen.

Vielleicht sucht der Arbeitgeber ausnahmsweise einen ganz originellen Kerl? Vielleicht steht Wandel und Veränderung auf dem Programm der Behörde oder Firma, bei der man sich bewirbt? Individuelle Tugenden können im persönlichen Gespräch, beim Einstellungsinterview mit dem Personalleiter entfaltet werden; bei Testverfahren kommen sie kaum zur Geltung, können sich aber leicht negativ auswirken.

Die meisten Persönlichkeitstests sind nicht auf die Entdeckung besonders guter, sondern auf die Entlarvung besonders schlechter Kandidaten zugeschnitten. Sie suchen nach verdeckten Ängsten, unterdrückten Aggressionen, heimlichen Lastern; sie messen den Grad des Neurotizismus, die Verwandtschaft mit Geisteskrankheiten. Testpraktiker, die ins Geschäft kommen wollen, verweisen werbend auf ihre Fähigkeit, «Fassadenmenschen zu entlarven», oder warnen vor «jenen Nieten unter den Management-Kandidaten, die, wenn man sie nicht rechtzeitig erkennt, in ihrer Tätigkeit enormes Unheil anrichten können». Das sind insbesondere «kontaktunfähige Sonderlinge, schizoid Gespaltene, moralisch Angeschlagene und andersartig Gestörte». (Diplom-Psychologe Fred W. Schmidt, zitiert in «Gedämpfte Testfreude», *Der Volkswirt* vom 20. 3. 1970)

Dort also liegen die Gefahren, die der Bewerber von vornherein kennen und meiden muß. Das Profil, mit dem er sich ins Testverhör begibt, mag ruhig ein wenig langweilig sein, die Hauptsache ist, es frei von verdächtigen Abweichungen zu halten.

In den meisten Fragebogen tauchen zwei Grundtendenzen auf, die den Bewerber zu größter Wachsamkeit veranlassen sollten: die Suche nach Neurotizismus und Introversion. Diese beiden schädlichen Neigungen haben eine Fülle anderer Eigenschaften im Gefolge, welche durchweg dem Vorwärtskommen abträglich sind. Das ideale Profil kann solche Zacken nicht brauchen. Es gilt also, sich von vornherein auf das Gegenteil einzustellen: Der seelisch gesunde Mensch ist konzentriert und ruhig, schläft gut und wacht munter auf. Er kennt weder Tagträume noch Launen, fühlt sich nicht einsam, nicht mißverstanden und leidet nicht an Kopf- oder Magenschmerzen, am besten überhaupt an gar nichts. Mit dieser inneren Haltung wird man jede Testbatterie durchstehen, ohne einen nennenswerten Neurosegrad zu erreichen.

Zur Vermeidung von Introversion muß man sich nun ganz fest auf eine sorglose, menschenfreundliche Einstellung konzentrieren: gesellig und gesprächig, heiter und entschlossen – so gibt sich der kontaktfreudige Kandidat, dem die Zukunft gehört.

Wer keine dieser Eigenschaften in sich spürt, wird es schwer haben: Ein völlig erfundenes Persönlichkeitsprofil ist kaum glaubhaft darzustellen. Für die meisten Testopfer aber geht es gar nicht darum zu lügen, sondern nur ein wenig zu übertreiben, die gewinnenden Züge in den Vordergrund zu schieben und die andern – für die Dauer des Tests – zurückzudrängen. Selbst spielerische Bemühungen um eine solche Charakterkosmetik sind meist erfolgreich, wie in psychologischen Lehrbüchern bekümmert registriert wird (Anne Anastasi, *Psychological Testing*, New York 1959, S. 56f.); im Ernstfall, wenn es wirklich um Zukunft und Karriere geht, sollten noch bessere Ergebnisse möglich sein.

«Die Forschungsergebnisse zeigen deutlich, wie leicht es ist, in solchen Fragebogen den gewünschten Eindruck gezielt hervorzurufen. Sicher mögen Personen mit geringerem Bildungs- oder Intelligenzniveau in der Verstellung weniger erfolgreich sein als die studentischen Gruppen, mit denen die meisten dieser Experimente durchgeführt wurden. Sobald eine Person überhaupt bildungsmäßig in der Lage ist, einen Persönlich-

keitsfragebogen zu beantworten, kann man ihr jedenfalls auch die Fähigkeit unterstellen, das Ergebnis nachhaltig in der gewünschten Richtung zu beeinflussen.»
Anne Anastasi, a. a. O., Seite 58.

Das angestrebte Idealprofil muß natürlich während der gesamten Testbatterie durchgehalten werden. Es hat wenig Sinn, sich zu Beginn der Prozedur als sorgloser Menschenfreund darzustellen und später auf die Rolle des gewissenhaften Eigenbrötlers umzusteigen. Jeder Test legt andere Maßstäbe an, versucht unterschiedliche Dimensionen zu prüfen, doch die Mosaiksteinchen müssen schließlich zusammenpassen. Der gesunde, problemlose Bewerber hat auch gesunde, durchschnittliche Hobbys, eine schattenlose Vergangenheit und ein normales Liebes- und Eheleben. Er stammt aus «ordentlichen» Verhältnissen, hatte eine «glückliche» Kindheit und kennt keine Schuldgefühle. Daß es solche Leute gar nicht gibt, tut nichts zur Sache; dem Testleiter wird es jedenfalls nicht auffallen. Für hoffnungsvolle Jungmanager, die in einem der großen multinationalen Konzerne aufsteigen wollen, gelten die Normen der Anpassung besonders streng; sie lassen sich mit kleinen Abwandlungen auch auf die meisten andern Berufe anwenden.

«Ist man im Zweifel, dann gibt es zwei Hauptregeln, denen man folgen sollte:

1. Wird man nach Wortassoziationen oder Bemerkungen über die Welt gefragt, dann gebe man die konventionellsten, abgedroschensten, nichtssagendsten Antworten, die nur möglich sind.

2. Um die nützlichste Antwort auf jede Frage zu finden, wiederhole man sich:

a) Ich liebte Vater und Mutter, hatte den Vater aber doch ein bißchen lieber.
b) Mir gefällt alles ganz gut, so wie es ist.
c) Ich mache mir nie besonders große Sorgen.
d) Ich mache mir nicht viel aus Büchern und Musik.
e) Ich liebe meine Frau und meine Kinder.
f) Sie dürfen meine Arbeit für die Firma nicht stören.»

William H. Whyte, *Herr und Opfer der Organisation*, Düsseldorf 1958, Seite 405.

Gewiß gibt es viele Betriebe und Behörden, die modernere Personalpolitik betreiben, die nicht nur nach dem angepaßten Mittelmaß, dem problemlosen Arbeitstier Ausschau halten. Soweit aber die Auslese durch die üblichen Persönlichkeitstests gesteuert wird, hat der dynamische Durchschnitt die besten Chancen.

Ein Teil der Testverfahren versucht tief ins Unbewußte oder in die

Vorgeschichte des Bewerbers einzudringen, um verborgene Ängste und andere Mißlichkeiten aufzudecken. Die Hoffnung, daß dort unversehens Positives zutage gefördert wird, ist sehr gering. Der gewitzte Kandidat wird sich auch hier eher platt und langweilig darstellen als allzu einfallsreich. Zwar hat jeder Testverfasser seine eigene Theorie, doch sind sie allesamt der Meinung, daß viel Schlechtes im Menschen verborgen ist. So schürfen sie mit geschärfter Aufmerksamkeit nach Schuldgefühlen und Ängsten, nach Aggression und Autoritätskonflikten und nach verbotener Sexualität.

Das ideale Profil enthält natürlich nichts dergleichen. Höchstens ein Quentchen Aggression ist erlaubt, wenn man sich auf einem schwierigen Führungsposten bewähren will. Ansonsten aber kennt die erstrebenswerte Persönlichkeit weder Groll noch schlechtes Gewissen und hat ein lustvolles aber sauberes Liebesleben.

Wer nicht in Schwulitäten kommen will, vermeidet alles, was auf Homosexualität hindeuten könnte: Künstlerische Interessen, freundschaftliche Gefühle zum eigenen oder Angst vor dem andern Geschlecht, geringe Neigung zu Sport und Spiel oder zärtliche Zuneigung zur Mutter genügen schon, um Verdachtspunkte auf der entsprechenden Testskala zu sammeln. Ob die Tester jemals einen echten Schwulen auf diese Weise entlarvt haben, ist fraglich; die Neigung zum eigenen Geschlecht kann durchaus mit supermännlichem Gehabe einhergehen. Doch die grotesken Stereotype vom «richtigen Mann», von der «richtigen Frau» tauchen in vielen Testverfahren auf, und es wird nicht einmal klar, ob sie auf den privaten Vorurteilen der jeweiligen Psychologenmannschaft oder auf irgendeinem provinziellen Meinungsdurchschnitt beruhen. Der weise Kandidat wird sich achselzuckend der Norm fügen und versuchen, einen richtig männlichen Eindruck zu machen.

Schwerer haben es weibliche Bewerber. Sie befinden sich hier in einer regelrechten Zwickmühle. Als typisch weiblich werden Verhaltensweisen gewertet, die im Berufsleben recht hinderlich sind: Schüchternheit, Gefühlsduselei, Entscheidungsschwäche. Wer sachlich, offen und entschlossen erscheint, wird nicht als ein rechtes Weib angesehen. «Eine tüchtige Frau ist nicht normal» – dieser Eindruck, dem sowieso allzu viele anhängen, kriegt hier auch noch ein wissenschaftliches Gütesiegel aufgedrückt. Wozu gibt es überhaupt Fragebogen, die Männlichkeit und Weiblichkeit messen? Andere Verfahren, etwa die von Professor Eysenck, können darauf verzichten; den meisten Psychologen aber scheint es nichts auszumachen, daß sie die alten Rollenbilder am Leben halten.

In den folgenden Kapiteln wird deutlich, welche Form der Weiblichkeitsmythos bei den verschiedenen Tests annimmt, wo die Fallen für sensible Männer oder geschäftstüchtige Mädchen lauern. Hier ist es besonders wichtig, das geplante Idealprofil im Auge zu behalten: Wieviel «Männlichkeit» oder «Weiblichkeit» fordert der angestrebte Job? Wer sich als Designer bewirbt, muß wohl nicht so knallhart sein wie ein Verkaufschef; eine Steuerberaterin kann es riskieren, sachlich und «unweiblich» zu erscheinen, doch eine angehende Personalleiterin braucht wahrscheinlich ein wenig «frauliche Wärme». Aus Briefwechsel oder Vorgesprächen mögen sich nützliche Informationen ergeben, welche Tugenden im Einzelfall vom Bewerber erwartet werden.

Tapferkeit allein macht keinen guten Ritter; doch wenn er mit Information gewappnet, in ein hieb- und stichfestes Idealprofil gehüllt, die Arena betritt, braucht er die Auseinandersetzung kaum zu fürchten. Die Überlegenheit des Testleiters beruht vor allem auf dem Schleier der Geheimhaltung, mit dem seine Instrumente verdeckt sind. Wer den Schleier einmal gehoben, die Instrumente nüchtern geprüft hat, kann sie so bedrohlich nicht mehr finden.

Wegweiser durchs Testdickicht

Es gibt über hundert zur Zeit in Deutschland gebräuchliche Persönlichkeitstests. Viele Autoren haben jedoch in wesentlichen Punkten voneinander abgeschrieben; oft genügt es, das Prinzip zu kennen, um die jeweilige Variante durchschauen zu können. Innere Ruhe ist die erste Probandenpflicht; dazu hilft es, wenn man den Test von der ersten Frage an richtig einordnen kann.

1. Steckbriefe

Merkmal	Name und Art
Zehn Tafeln mit Klecksbildern, teils schwarz-weiß, teils farbig, sind zu deuten.	Rorschach-Test will gesamte Persönlichkeitsstruktur erfassen.
Mehrdeutige Bilder von Alltagssituationen; zu jedem ist eine «spannende» Geschichte zu erzählen.	TAT (Thematic Apperception Test) will Gesamtpersönlichkeit, insbesondere Umweltbeziehungen, erfassen.

Merkmal	Name und Art
24 Zeichnungen von Zweiergruppen, stellen je ein Mißgeschick dar. Leere Sprechblase mit Antwort füllen.	Rosenzweig PFT (Picture Frustration Test) mißt Aggressionsrichtung und Reaktion auf Frustration.
Undeutliche Fotografien einer Hand in vielerlei Gesten. Frage: «Was tut diese Hand?»	Foto-Hand-Test mißt Neigung zu offener Aggression.
Acht Zeichenfelder, schwarz umrahmt, die je ein Anfangszeichen enthalten, sollen vervollständigt werden.	Wartegg-Test mißt Gesamtpersönlichkeit, besonders Gefühl, Phantasie, Willen und Verstand.
Ein leeres Blatt Papier und die Aufforderung: «Zeichnen Sie eine Person.»	DAP (Draw a Person-Test) mißt Gesamtpersönlichkeit, besonders Ängste und Triebe.
Ein leeres Platt Papier und die Aufforderung: «Zeichnen Sie einen Obstbaum.»	Baum-Test mißt den ganzen Menschen, auch physische Erkrankungen.
Einzelne Worte oder Satzanfänge sind zu ganzen Sätzen zu ergänzen.	Satzergänzungstest breites variables Anwendungsfeld, besonders Neurotizismus und soziale Anpassung.
Acht bunte Farbtafeln sind nach Sympathie in Rangfolge zu ordnen.	Lüscher-Farb-Test mißt unbewußte psychische Tendenzen.
Je acht Fotografien von altmodischen Personen nach Sympathie in Rangfolge ordnen.	Szondi-Test mißt Triebbedürfnisse und erbbedingtes Unterbewußtsein.
Fragebogen mit 560 Feststellungen, mit «stimmt» oder «stimmt nicht» zu beantworten. 1. Frage: «Ich lese gern technische Zeitungen.»	MMPI (Minnesota Multiphasic Personality Inventory) mißt 10 pathologische Kategorien, außerdem Lügenskala.

Merkmal	Name und Art
Fragebogen mit 212 Fragen, mit «stimmt» oder «stimmt nicht» zu beantworten. 1. Frage: «Ich habe die Anleitung gelesen und bin bereit, jeden Satz offen zu beantworten.»	FPI (Freiburger Persönlichkeitsinventar) mißt zwölf Eigenschaften, darunter Offenheit, entspricht Lügenskala.
Fragebogen mit 48 Fragen, mit «ja» und «nein» zu beantworten. 1. Frage: «Sind Sie am glücklichsten, wenn Sie in eine Aufgabe verwickelt werden, die schnelles Handeln verlangt.»	MPI (Maudsley Personality Inventory) mißt neurotische Tendenz und Extraversion als bestimmende Merkmale der Gesamtpersönlichkeit.
Fragebogen mit 225 Alternativen, eine davon ankreuzen. 1. Frage: A) «Ich helfe meinen Freunden, wenn sie in Not sind.» B) «Ich tue alles, was ich tue, mit ganzer Kraft.»	EPPS (Edwards Personal Preference Schedule) mißt Bedürfnisstruktur der Persönlichkeit an 15 Merkmalen. Keine Lügenskala.
Fragebogen mit 187 Fragen, mit «ja» oder «nein» zu beantworten. 1. Frage: «Ich habe die Anweisung für diesen Test klar verstanden.»	16-PF-Test (Sixteen Personality Factors) mißt Gesamtpersönlichkeit über sechzehn Faktoren, darunter Ehrlichkeit, entspricht Lügenskala.

2. Intimitäten im Tintenklecks

Seit 50 Jahren sind die Klecksbilder des Schweizer Psychiaters Hermann Rorschach jedermann vertraut: dem Laien als Inbegriff psychodiagnostischer Raffinesse, den Psychologen hingegen als immerwährender Zankapfel.

In zur Zeit rund 3000 Forschungsarbeiten schlägt sich die Wissenschaft mit der Frage herum, was der Rorschach-Test eigentlich messen will und ob er es tut. Rorschach selbst starb glücklicherweise kurz nach der Veröffentlichung seiner Methode und hat den bitteren Streit nicht miterleben müssen. Inzwischen erklärten leidenschaftliche Gegner sein Verfahren für rundum sinnlos; begeisterte Anhänger mühen sich, die

Gültigkeit der Methode auch statistisch nachzuweisen. Die herrschende Lehrmeinung liegt etwa in der Mitte: als «Eisbrecher» in der therapeutischen Sprechstunde, als Hilfsmittel bei der Erkundung seelischer Leiden sei der Test wohl nützlich, als psychologisches Meßverfahren zweifelhaft, als Entscheidungstest völlig unbrauchbar. (Vgl. Anne Anastasi, *Psychological Testing*, New York 1959, S. 621 ff.)

Sein Ansehen bei Betriebsberatern und Personalchefs verdankt «der Rorschach» wohl weniger dem wissenschaftlichen Ernst, als vielmehr dem bedrohlichen Image, dem undurchsichtigen Nebelschleier, der die Klecks-Technik umgibt.

«Als ein großer Vorteil der projektiven Methoden kann der Umstand gelten, daß diese für den Probanden kaum zu durchschauen sind. Dessen etwaige Täuschungsmanöver, z. B. das Bestreben, sich in ein gutes Licht zu setzen, haben daher nur geringe Aussicht auf Erfolg.»
Peter Hofstätter, *Psychologie*, Frankfurt 1971, Seite 291.

Tatsächlich ist der Rorschach schwer zu durchschauen, schon allein deshalb, weil es mehrere verschiedene Auswertungssysteme gibt, die noch zusätzlich den persönlichen Varianten des Testleiters ausgesetzt sind. Falls dieser nach der «strengen» Klopfer-Schule arbeitet, die in USA und Deutschland das höchste Ansehen unter den Rorschach-Fans genießt, lassen sich die Ergebnisse teilweise vorausbestimmen, sonst ist man auf Glück und die Beachtung einiger grundsätzlicher Vorsichtsmaßnahmen angewiesen, die für alle Auswertungssysteme gelten. (Vgl. hierzu B. Klopfer und Helen Davidson, *Das Rorschachverfahren*, Bern 1967)

Es kommt zunächst auf ruhige Gelassenheit an. Wenn der Testleiter die erste Tafel mit einem grauschwarzen Tintenklecks hervorzieht und fragt, was man auf der Tafel sehe, darf man weder Furcht noch Staunen zeigen. Wenn dann die nächste Tafel unvermittelt rote Flecken zeigt, wenn schließlich die letzten drei Bilder in sinnverwirrenden Pastelltönen schillern, sollte kein Zögern, keine hochgezogene Augenbraue andeuten, daß man etwa vom «Farbschock» gepackt ist, der nämlich ein ungeordnetes Gefühlsleben verrät. Jede Regung des Unbehagens wird als innerer Konflikt verbucht: Die aufgeklärte Versuchsperson betrachtet also alle Tafeln mit Pokermiene, dreht sie gelassen in der Hand und gibt gleichmäßige Deutungen, nicht zu knapp und nicht zu weitschweifig. Zusätzliche Details bringen zwar zusätzliche Punkte, sie müssen aber sinnvoll und formentsprechend sein.

Um eine gewinnende Persönlichkeit darzustellen, gilt es vor allem, Bewegung in die Kleckse hineinzusehen und möglichst für jede Tafel eine Ganzdeutung zu finden, das heißt eine Erklärung, die sämtliche Klecksteile einbezieht. Die Deutungen müssen ein «hohes Formniveau» haben: Sie müssen dem Testleiter überzeugend erscheinen und nicht allzu banal sein. Die Farbe muß sinnvoll in die Erklärung einbezogen, aber keinesfalls beherrschend sein.

Wer sich nur vom Umriß («emotionsarm») oder von der Schattierung («kindliche Zärtlichkeitsbedürfnisse») anregen läßt, scheidet natürlich schlechter ab, als jene wertvollen Menschen, die Form und Farbe gemeinsam nutzen und damit das Zusammenspiel von Hirn und Herz unter Beweis stellen. Wer viele menschliche Figuren in den Klecksen entdeckt und sie obendrein in Bewegung wahrnimmt, der erweist Ichstärke und Kontaktfreude.

Soweit die eindeutig positiven Merkmale im Rorschach; doch leider genügt es nicht, sich auf Form und Farbe, menschliche Bewegung und Ganzdeutungen zu beschränken – ein Grundkonzept, das übrigens auch für alle Rorschach-Varianten gilt. Die strengen Klecksforscher verfügen über ein ausgedehntes Kategoriensystem, das alle möglichen Wesenszüge erfaßt und wenigstens andeutungsweise berücksichtigt werden will. So werden etwa Tiere und Gegenstände geringer bewertet als menschliche Figuren, und doch sind sie notwendig, um primitivere Wesensschichten anzudeuten, die der Mensch schließlich auch braucht.

Es gilt auch nicht als liebenswert, statt der Kleckse die leeren Zwischenräume zu deuten, denn damit beweist man Aufsässigkeit und Eigensinn. Aber ein oder zwei von diesen Aufsässigkeiten wirken doch ganz positiv und deuten ein Quentchen Selbstbehauptung an. Sosehr man sich schließlich um großzügige Ganzdeutungen bemühen sollte, darf auch das Detail nicht zu kurz kommen, denn es beweist Gründlichkeit und Realitätsbezug.

Obendrein sind noch eine ganze Reihe inhaltlicher Vorsichtsmaßregeln zu beachten: Wolken dürfen nur auf Karte 7 wahrgenommen werden, andernfalls bedeuten sie Ängstlichkeit; Vulkane und Explosionen sind ausnahmsweise auf Karte 9 zugelassen, sonst weisen sie auf unbeherrschte Instikte hin. Blut und Feuer («unkontrollierte Ängste») sind allgemein zu meiden, ebenso Statuen und Büsten («überkritisch»), menschliche Einzelteile («kontaktlos, egozentrisch»), Wappen und Embleme («autoritätshörig»), Landkarten und formlose Felle («unreif»). Geschlechtsteile dürfen insgesamt ein- oder zweimal wahrgenommen werden; im Übermaß wirken sie sich aber äußerst nachteilig aus, deuten auf sexuelle Unreife, verborgene Impotenz und ähnliche Unannehmlichkeiten. Jede Karte hat ihre Eigenheiten und erweckt nach Ansicht der Rorschachianer ganz bestimmte Impulse im Busen der Versuchsperson. Für jede Karte gibt es auch bestimmte Vulgärantworten, die von sehr vielen Menschen gebracht werden und in mäßiger Anzahl (etwa 5 für den ganzen Test) auch wünschenswert sind, denn sie zeigen gesunde Anpassung. Doch mehr als acht Vulgärantworten lassen den Probanden platt und konventionell erscheinen. Originelle Einfälle werden hoch bewertet, doch auch hier ist ein Übermaß bedenklich («erratischer Sonderling»). Karte 1 wird häufig als fliegendes Tier oder Fratze gedeutet. Wer statt dessen anatomische Details sieht, hat Sorgen um seine Gesundheit oder Potenz. Wer die Seitenteile als Hexen deutet, fürchtet sich vor alten Frauen.

Karte 2 legt als Vulgärantwort Tiere oder Menschen nahe. Werden Clowns gesehen, so ist Menschenverachtung zu befürchten. Im übrigen wartet der Testleiter gespannt, ob man jetzt «Farbschock» zeigt; es gilt also, die roten Flecken der Karte völlig gleichmütig zu deuten.

Karte 3 zeigt gemeinhin zwei Leute, die tanzen oder etwas tragen. Es ist nützlich, ihre Tätigkeit – nicht aggressiv, sondern irgend etwas Aufbauendes – und ihr Geschlecht, das hier zweideutig dargestellt ist – deutlich zu bezeichnen. Wer dem roten Mittelstück eine Deutung zukommen läßt, zeigt Fähigkeiten zu sozialen Beziehungen.

Karte 4 gilt als «Vaterkarte», an der man beweisen kann, wie man Autoritätsprobleme oder männliche Aggressionen bewältigt. Vulgär wird meist ein Riese, Affe oder Monster gesehen. Es empfiehlt sich, diese Unwesen mit liebenswerten Zügen auszustatten oder, wenn einem das nicht gelingt, wenigstens in den Details freundliche Deutungen anzubieten.

Karte 5 wird fast immer als Fledermaus gedeutet, und daran sollte sich auch der Bewerber halten, wenn er nicht als Außenseiter gelten will.

Karte 6 erinnert gemeinhin an ein Tierfell; außerdem lauert die Versuchung, an jeder Ecke Geschlechsteile zu entdecken. Diese werden am besten positiv und symbolisch verarbeitet, etwa als «fruchtbares Tal» oder «Leuchtturm». Wer in den seitlichen Details Königsköpfe sieht, beweist hohe Ansprüche.

Für Karte 7 gibt es keine Vulgärdeutungen. Die seitlichen Details können als Köpfe gesehen werden; dabei empfehlen sich Frauenköpfe, die gesunde heterosexuelle Beziehungen andeuten. Kinder- und Tierköpfe sind etwas infantil.

Karte 8 lädt dazu ein, die roten Seitenteile vulgär als bewegte Tiere zu deuten. Es ist wichtig, diese Tiere nicht bedrohlich zu schildern und die vielen bunten Farben der Karte positiv zu berücksichtigen.

Karte 9 kennt keine Vulgärantwort. Es ist schwer, überhaupt eine Deutung zu finden, doch sollte man sich darum bemühen, weil man sonst als «emotional gestört» eingestuft wird. Wenn man die Karte umdreht, ist ein Atompilz oder Vulkanausbruch zu sehen, der hier ausnahmsweise keinen Schaden anrichtet.

Karte 10 ermöglicht nur selten eine Ganzdeutung. Das blaue obere Seitendetail wird vulgär als Krabbe oder Spinne gedeutet. Auch sonst sind viele bunte bewegte Tiere üblich.

Wer keine der gängigen Antworten gibt, macht sich als Sonderling verdächtig. Der Testleiter pflegt am Ende des Rorschach einige Tafeln noch einmal zu zeigen und verschiedene Deutungsmöglichkeiten anzubieten. Man sollte sich Mühe geben, ihm weitgehend zuzustimmen, denn hier wird geprüft, ob der Proband in der Lage ist, die Welt «mit den Augen der andern» zu sehen.

Phantasievolle Deutungen, in denen sich mehrere Teile zu einem sinnvollen Ganzen zusammenfügen, zeugen von kreativer Intelligenz und Organisationstalent. Aber Vorsicht: man darf nichts zusammen-«fabulieren», nicht fehlende Teile hinzuerfinden! Die Rorschach-Fans sind stolz darauf, daß sie verdeckte Geisteskrankheiten und andere Schäden entdecken können. Man sollte ihnen keinen Anlaß zum Entdeckerstolz bieten.

Es ist nicht leicht, den Rorschach-Test als rundum gewinnende Persönlichkeit zu bestehen, denn allzu viele Faktoren müssen gleichzeitig berücksichtigt werden. Das folgende Modell-Protokoll wurde von einem Wissenschaftler erarbeitet, der selbst seit Jahren mit dem Rorschach testet. Es kann nicht als Ideal gelten, sondern nur als Hinweis, wie eine relativ günstige Mischung von Wesensmerkmalen herzustellen ist und wie die Signierung der unterschiedlichen Deutungen erfolgt.

Rorschach-Modell mit Auswertung (von einem, der es wissen muß)

Tafel I

1. Drei Tänzer in einem Ballett. Die zwei an der Seite haben Hüte auf und tragen weite Mäntel, sie wirbeln die Person in der Mitte herum. Das ist eine Frau, sie hat ihre Arme erhoben und ihren Kopf zurückgelehnt. (Ganzantwort, menschliche Bewegung, originell, Formniveau 4,0)

2. Eine religiöse Maske. Hier sind die Augen, Nase und Backenknochen. (Ganzantwort, Formniveau 2,0)

Tafel II

3. Zwei Hexen, die sich beim Tanz voreinander verbeugen. Ihre Gesichter sind rot, sie haben rote Hüte auf und klatschen ihre Hände zusammen. Ihre Knie stecken in roter Farbe, und sie lachen darüber. (Ganzantwort, menschliche Bewegung, originell, Formniveau 3,5)

4. Zwei kleine Hunde, die Männchen machen, dabei ihre Nasen fast zusammenstecken. Hier sind ihre Pfoten, Nase, Stirn. Die Hinterfüße kann man nicht sehen. Sie sehen aus wie junge Terrier, weil die Köpfe so rund sind, wegen der dicken Nackenpartie. (Quasi-Ganzantwort, Bewegung, Tier, Vulgärantwort, Formniveau 3,0)

5. Da oben ist ein Nikolausstrumpf: eine rote Socke aus Wolle, das sieht man an der Schattierung. (Detailantwort, Formniveau 2,0)

Tafel III

6. In der Mitte ist eine rote Serviette, die unordentlich in einen Serviettenring gesteckt wurde. (Detailantwort, originell, Formniveau 1,5)

7. Das sind zwei abgewiesene Bewerber, die sich voreinander verbeugen, als sie sich vor dem Haus treffen, wo ihre Angebetete lebt. Sie haben beide Blumenbuketts in den Händen. Der rote Teil in der Mitte symbolisiert den Liebeskummer: Jede Seite hat ein kleines rotes Herz, und zwischen ihnen ist ein Band: das heißt, sie sind beide darin vereint, daß sie abgewiesen werden. (Quasi-Ganzantwort, menschliche Bewegung, originell, Formniveau 2,5)

8. Oben sind rechts und links zwei Löwen, die sich zurückbeugen und dabei ihren Schwanz betrachten. (Detail, Bewegung, Tier, Formniveau 2,0)

Tafel IV

9. Zwei Betrunkene, die sich gegen einen Laternenpfahl lehnen. Ihre Kleidung ist zerknittert, ihre Hosen fallen herunter. Sie lehnen halb am Pfahl und rutschen auf den Boden. (Ganzantwort, menschliche Bewegung, originell, Formniveau 3,0)

10. Unten ist der Turm eines Schachspiels; in der Mitte sind Reste beim Drehen der Holzfigur stehengeblieben. (Detail, Formniveau 1,5)

11. Oben ist ein Stiefmütterchenblatt; man sieht es an der Form und an der typischen Maserung. Durch die Schattierung sieht es so aus, als wenn sich die Blatthälften von der Mitte herauswölben. (Kleines Detail, Formniveau 1,5)

Tafel V

12. Eine Fledermaus mit Füßen, Kopf und Flügeln. Sie hat das typische dunkle Grau, und auf den Flügeln sieht man die Rippen, mit deren Hilfe sie die Flügel spannen kann. (Ganzantwort, Vulgärantwort, Formniveau 2,0)

13. Ganz außen ist der Kopf eines Krokodils, mit offenem Rachen. (Kleines Detail, Formniveau 1,5)

Tafel VI

14. Ein Tierfell ohne Kopf. Da sind die Vorderbeine, Hinterbeine und der Schwanz. Durch die unregelmäßige Farbe sieht es wie ein Bärenfell aus. (Ganzantwort, Vulgärantwort, Formniveau 1,5)

15. Oben ist ein Totempfahl, mit der Andeutung von Nase, Augen und Fühlern und hier Flügel. Alles ist bunt angemalt, das sieht man an den Unterschieden in der Schattierung. (Detail, Formniveau 3,0)

Tafel VII

16. Zwei Kaninchen, die sich ansehen. Die Ohren stehen hoch. (Ganzantwort, Formniveau 2,0)

17. Zwei Frauen mit hochgestecktem Haar. Man sieht nur die Oberteile. Sie schneiden sich Grimassen, das sieht man am offenen Mund. (Detail, menschliche Bewegung, Formniveau 2,5)

18. Wenn man die Karte umkehrt, gibt der Zwischenraum eine Büste von Napoleon mit Dreispitz und Kragen. (Zwischenraum-Deutung, Formniveau 2,5)

Tafel VIII

19. Unten ist übereinandergeschichtetes Eis, erst Aprikose, dann Erdbeer. (Detail, Formniveau 0,5)

20. Zwei Biber, die hochklettern und an einem Baum nagen wollen, sind an der Seite. (Detail, Bewegung, Tier, Vulgärantwort, Formniveau 2,0)

21. Eine Mischung zwischen Lampenschirm und Schirm. In der Mitte sind der Griff zu sehen und an der Seite die Spannstäbe des Schirms. (Detail, originell, Formniveau 2,0)

Tafel IX

22. Das Ganze sieht aus wie auf dem Meeresgrund. Die Farben und bizarren Formen erinnern an Korallen und Felsen. (Ganzdeutung, Formniveau 0,5)

23. In der Mitte ist ein altes böhmisches Glas mit eingeschliffenen Mustern. (Detail, originell, Formniveau 1,5)

24. Seitlich sitzt ein dickes kleines Kind, das an seinen Zehen spielt. Es hat eine Haube auf und ist in einen langen fransigen Schal gewickelt, der weit herunterhängt. (Detail, menschliche Bewegung, originell, Formniveau 3,5)

Tafel X

25. An den Seiten, bei umgekehrter Tafel, ist je ein Collie bei einer Hundeschau. Er steht aufrecht und stolz, das Hinterteil ist zurückgestreckt und der Schwanz steht hoch. (Detail, Bewegung, Tier, Formniveau 2,5)

26. Rechts und links zwei betrunkene Spinnen, die die Beine ineinandergehakt haben und singen. Eine winkt mit einer Flasche. (Detail, menschliche Bewegung, originell und Vulgärantwort, Formniveau 3,0)

27. Eine Mehrzweck-Haushaltsschere. In der Mitte sind Vorrichtungen zum Flaschenöffnen, Deckelheben usw. (Detail, Formniveau 1,5)

28. Zwei Polizisten mit hohen Helmen, die gemeinsam eine Tür aufbrechen wollen. Mit einem Arm halten sie nach hinten die Balance. (Detail, menschliche Bewegung, originell, Formniveau 3,5)

Die Auswertung dieses Rorschach-Protokolls ergibt eine recht gewinnende Persönlichkeit. Hier sind nur die wichtigsten Kriterien notiert, deren Beachtung für den aufgeklärten Probanden möglich und nützlich sein könnte.

Große Bedeutung wird dem Formniveau zugeschrieben, das auf Grund eines komplizierten Punktsystems für jede Deutung errechnet wird, wobei es auf das Zusammenspiel von genauer Beobachtung und Einfallsreichtum ankommt. Die bestmögliche Zensur ist 5, die schlechteste 2. Wenn, wie im vorstehenden Protokoll, auch nur eine einzige 4 erreicht wird, gilt der Proband bereits als hochgradig empfehlenswert.

Die Gesamtzahl der Antworten soll zwischen 20 und 40 liegen, mindestens ein Drittel soll auf die letzten drei Tafeln fallen, die wegen ihrer Farbigkeit besonderen Aufschluß über das Gefühlsleben versprechen. Im vorstehenden Fall ist ein sehr wertvoller, umweltfreundlicher Charakter durch die stolze Zahl menschlicher Bewegungen angedeutet – wobei die betrunkenen Spinnen wegen ihrer menschenähnlichen Handlungsweise ehrenhalber dazugezählt werden. Das Verhältnis 8:6 von menschlicher und tierischer Bewegung verspricht Empathy (einfühlendes Verstehen) und Kreativität; die Proportion 9:4 von originellen zu Vulgärantworten läßt intellektuelle Selbständigkeit hoffen. Die zahlreichen Ganzdeutungen sind aufs Glücklichste durch eine ausreichende Menge von Details aufgewogen, so daß kühner Überblick und bodenverbundene Gründlichkeit zugleich garantiert sind. Nichts deutet auf sexuelle Abarten oder keimende Geisteskrankheit hin.

Der gewissenhafte Rorschachianer errechnet noch etwa ein Dutzend anderer Verhältniszahlen, steigt anhand der Bildinhalte auch noch tiefer ins Liebes- und Familienleben der Versuchsperson ein und kann schließlich ein Gesamtbild der Persönlichkeit erstellen. Die meisten Anhänger des Verfahrens stützen sich auf die Denkmodelle der Psychoanalyse. Der Vorwurf, daß ihre Ergebnisse den wissenschaftlichen Forderungen nach Gültigkeit, Zuverlässigkeit und Objektivität nicht standhalten, trifft sie daher wenig.

Andere Kleckstechniken, die als Abart des Rorschach-Tests entwickelt wurden, folgen im wesentlichen den gleichen Prinzipien. So gehören etwa zum Holtzman-Tintenklecks-System ganze 45 Tafeln, bei denen jeweils nur eine Deutung erlaubt ist.

Bei der Personalauslese ist der Z-Test besonders beliebt, eine vom Rorschach-Schüler Zulliger ersonnene Kurzform. Er umfaßt nur drei Kleckse, erlaubt also, die Seele im Schnellverfahren zu sezieren. Die aufgeklärte Versuchsperson beherzigt hier die gleichen Grundregeln wie beim Rorschach: für jede Tafel möglichst eine Ganzdeutung und ein präzises Detail liefern; farbige Teile sollen konstruktiv in die Deutung einbezogen, aber keinesfalls überbewertet werden.

Wer etwa unklare Formen sieht und sich von Farben überwältigen läßt, wird vom Gutachter schwankender Emotionen verdächtigt und kurzerhand vom Aufstieg ausgeschlossen. Welch kühne Schlüsse hier üblich sind, verrät ein angesehener Personalberater (Detlev Hayne, Institut für Personalberatung Köln, in *Der Arbeitgeber 2* [1969], S. 61):

«Zeitdruck führt den Emotional-Labilen zur Verwirrung und Konzeptlosigkeit. Ein Absinken unter das normale Druckniveau der sogenannten ‹guten Laune› verführt ihn zu Geschwätzigkeit und finanzielle Nöte verleiten ihn möglicherweise zu kriminellen Handlungen.»

Doch genauso übel wird es vermerkt, wenn man die Farben nicht zur Kenntnis nimmt, also «die Emotionen leugnet»:

«Überwiegt bei einem Menschen die Tendenz, sich krampfhaft und zwanghaft zu kontrollieren, so wird es zu zeitraubenden Zwangshandlungen wie Händewaschen, Mehrfachwiederholungen der gleichen Arbeit, Unselbständigkeit und Einfallslosigkeit kommen. Alle diese genannten Eigenschaften ermittelt der Zulliger-Test.»

Der goldene Mittelweg zwischen kriminellen Handlungen und Händewaschen ist nicht leicht zu finden. Die Klecks-Prognose ist, wie alle projektiven Tests, weitgehend vom Wohlwollen des Testleiters abhängig. So bleibt dem Bewerber, der trotz aller Vorsicht ein negatives Psychogramm erreicht, wenigstens ein Trost: Er braucht nicht daran zu glauben. Die meisten seriösen Psychologen tun es auch nicht.

«Die Frage, warum der Rorschach immer noch so viele Anhänger hat und nach wie vor weithin benutzt wird, ist nicht leicht zu lösen. Eine befriedigende Erklärung für dies verblüffende Phänomen wird wohl erst von künftigen Historikern der Psychologie gefunden werden und wahrscheinlich davon abhängig sein, daß wir mehr über die Psychologie der Leichtgläubigkeit wissen müßten, als es heute der Fall ist. Indessen kann man den Grund des wissenschaftlichen Fortschritts der klinischen Psychologie wohl daran messen, mit welcher Geschwindigkeit und Gründlichkeit sie den Rorschach hinter sich läßt.»
Professor Arthur R. Jensen, «Rorschach-Test» in *Sixth Mental Measurement Yearbook*, Seite 237.

3. Vorsicht beim Geschichtenerzählen

Wer sich mit Literatur beschäftigt, weiß, daß manche Dichter immer nur von sich selbst berichten; andere freilich wählen Helden, die nichts mit der Person des Autors gemein haben, und wieder andere wechseln zwischen autobiographischen und glatt erfundenen Figuren. Für Psychologen gibt es nur die erste Möglichkeit: Wer Geschichten erzählt, spricht stets von sich selbst. Vor allem die Erfinder projektiver Testverfahren berufen sich auf die «Erfahrungstatsache, daß ein Individuum, konfrontiert mit einer mehrdeutigen Situation und aufgefordert, sie zu interpretieren, mit hoher Wahrscheinlichkeit in diesem Deutungsprozeß seine eigene Persönlichkeit aufdeckt» (W. Revers und K. Taeuber, *Der thematische Apperzeptionstest*, Bern 1968). Diese «Tatsache» ist niemals wissenschaftlich erwiesen worden, doch dient sie unbehelligt als Grundlage des TAT, des Thematischen Apperzeptionstests, der seit 30 Jahren zur Diagnose seelischer Erkrankungen verwandt wird.

Der amerikanische Psychiater Murray ersann ihn zur Hilfe «für psychisch Bedrängte, die das woran sie leiden nur schwer und unklar ausdrücken können». Für Personalberatung oder Eignungsprüfungen ist er nicht geschaffen und wird trotzdem häufig dazu benutzt, um verdeckte Persönlichkeitszüge aufzuhellen. Das ist besonders unverantwortlich, weil dieser Test eine psychologisch aufreißende Wirkung haben kann: Die Testperson entdeckt unbewußte Wünsche, verdrängte Erinnerungen und kann durch diese Selbstbegegnung tief erschüttert werden. Die Verfasser des TAT-Handbuchs verweisen auf diese «psychokathartische Nebenwirkung» des Tests, der ihrer Ansicht nach nur in Verbindung mit psychologischer Beratung zulässig ist. «Die Erkenntnis von Not impliziert die Verpflichtung zur Hilfeleistung.» (W. Revers und K. Taeuber) Personalberater und Betriebspsychologen sind kaum in der Lage, diese Hilfe zu leisten; und selbst wenn sie's könnten: Kein Stellenbewerber oder Aufstiegskandidat hat ein Interesse daran, sich unversehens in einen psychologischen Pflegefall zu verwandeln.

So gilt für diesen Test ganz besonders, was für alle projektiven Verfahren zutrifft: Man sollte sich weigern. Man sollte den Testleiter darauf hinweisen, daß das Instrument ungeeignet und eventuell gefährlich ist. Man sollte aufs Grundgesetz, aufs Arbeitsrecht und auf die psychologische Berufsethik verweisen und die Teilnahme am TAT ablehnen. In Fällen, da so viel Zivilcourage nicht verlangt werden kann, da individuelle Gründe dazu nötigen, sich der Zumutung zu beugen, gilt die andere Alternative, die verdeckte Form des Widerstandes: Man kann den TAT unterlaufen.

Es fängt ganz harmlos an, mit ein wenig Irreführung, die wohl zum Berufsgepäck der Psychotester gehört: «Wir haben hier einen Test zur Untersuchung der Phantasie. Ich werde Ihnen Bilder vorlegen, und Sie haben die Aufgabe, zu jedem Bild eine möglichst dramatische Geschichte zu erzählen. Sie können nichts falsch machen; es kommt lediglich darauf an, daß Sie ihre Phantasie spielen lassen . . .»

Als Spielfeld dienen Bilder, die typische Lebenssituationen darstellen, dabei aber so undeutlich sind, daß sie vielerlei Auslegungen zulassen. Zu Beginn der Original-TAT-Serie, die insgesamt 20 Bilder umfaßt, ist ein Knabe zu sehen, der auf eine Geige blickt. Was soll man dazu sagen? Handelt es sich um einen jungen Virtuosen, der fleißig übt, um eines Tages die Welt zu begeistern? Wird das arme Kind von seinen Eltern zum Fiedeln genötigt und denkt darüber nach, wie es aufs Fußballfeld entweichen kann? Oder sitzt es zaghaft vor dem bewunderten Instrument des Vaters und wagt nicht, es anzurühren, weil es seinen Fähigkeiten mißtraut?

Ein strebsamer, selbstbewußter Proband wird sich hüten, seine Phantasie in melancholische Bahnen laufen zu lassen: Die Geschichte muß jedenfalls gut enden, der Held muß sich durchsetzen, aber auf nette Art.

Es gibt Bilder, die auf Generationskonflikte zwischen alt und jung hindeuten, auf gewaltsame Auseinandersetzungen, auf Arbeitszusammenhänge oder Begegnungen mit dem andern Geschlecht. Die Szenen sind so undeutlich, daß der Erzähler genötigt ist, seine eigenen Erinnerungen, Ängste oder verdrängten Wünsche ins Bild zu projizieren, um eine halbwegs erzählbare Geschichte zusammenzukriegen.

«Die meisten Probanden gehen so in der Aufgabe auf, daß sie selbstverloren das Bedürfnis, ihr Selbst gegen den diagnostischen Zugriff des Prüfers zu verteidigen, vergessen. Ehe der Proband dessen inne wird, hat er über einen erfundenen Charakter Dinge ausgesagt, die auf ihn selbst zutreffen, die er aber in der Antwort auf direkte Fragen hin zu bekennen nicht willens gewesen wäre.»
W. Revers und K. Taeuber, *Der thematische Apperzeptionstest*, Bern 1968, Seite 58.

Wer es vermeiden möchte, sich dem Arbeitgeber selbstverloren zu enthüllen, bedarf deutlicher Selbstbeherrschung, um alle trüben, selbstkritischen oder aggressiven Gedanken zu verscheuchen. Mit einiger Mühe lassen sich die meisten Bilder positiv deuten. Eine einsame Gestalt auf nächtlicher Straße z. B. muß keineswegs verzweifelt, betrunken oder abenteuerlustig sein, man kann sich auch einen fleißigen Spätarbeiter vorstellen, der müde, aber glücklich nach Hause geht, weil er soeben die entscheidende Erfindung beendet hat.

Eine Umarmung zwischen undeutlichen Personen darf natürlich niemals gleichgeschlechtlich ausgelegt werden, auch keine tragische Trennungsszene andeuten, sondern vielleicht ein junges Brautpaar beim Anblick seines Baugrundstücks, auf dem bald ein nettes Häuschen wachsen wird.

Eine Begegnung zwischen alt und jung sollte möglichst nicht zum Streit, auch nicht zur Unterordnung führen. Der Junge geht seine eigenen Wege, doch nimmt er den Rat des Alten wohlwollend an.

Stets muß der Held der Erzählung so handeln, wie man selbst gern vom Testleiter gesehen werden möchte: tüchtig, fleißig, ehrlich, einfallsreich und durchsetzungsbereit. Die entscheidenden Einfälle, die der Geschichte die glückliche Wende geben, dürfen nicht von außen kommen: die Hauptperson muß sich mit eigener Kraft, mit Anstand und Geschick, in jeder Situation behaupten.

Es gibt mehrere Auswertungsmethoden des TAT, die unterschiedlichen Strömungen in der Seele des Probanden nachspüren. Gemeinsam ist ihnen die Suche nach Handlungsmotiven, nach Gemütszuständen, nach Hemmungen und Konflikten. Wer günstig abschneiden will, sollte eine Welt darstellen, in der es gerecht und gut zugeht, in der Gewalt, Krankheit und Naturkatastrophen möglichst keinen Raum haben.

Allerdings gibt es auch Bilder, auf denen ein Konflikt unübersehbar dargestellt ist: ein Friedhof, eine Prügelei, ein Mann mit Pistole. Hier darf man nicht in die Falle stolpern, eine heile Welt um jeden Preis vorzutäuschen, denn das hieße Konflikte leugnen, Angst vor den eigenen Aggressionen oder mangelnde Wahrnehmung der Wirklichkeit. Wenn es gar nicht anders geht, muß man sich mannhaft zur Gewalt bekennen. Bei der Schlägerei läßt man am besten den Angegriffenen auf faire Weise siegen. Der Pistolenheld mag sich als Verbrecher erweisen, den man überwältigt und der später durch Strafe geläutert wird. Auf dem Friedhof läßt sich Trauer nicht vermeiden, doch kann man die Erinnerung an den Verstorbenen z. B. zu neuer Kraft nutzen und gestärkt ans eigene Lebenswerk zurückkehren.

Natürlich gibt es kein Patentrezept für ideale TAT-Geschichten. Es ist nicht empfehlenswert, sich allzusehr von der eigenen Persönlichkeit zu entfernen: Grobe Entstellung fällt selten überzeugend aus. Man kann nur bestrebt sein, sich an der banalen Oberfläche zu bewegen und jene Fallen zu vermeiden, die als Konfliktsymptom ausgelegt werden können.

Schuld und Strafe, Tod und Einsamkeit sollten möglichst selten zum Thema einer Erzählung werden. Krankheiten sind nur zugelassen, wenn sie auch geheilt werden. Liebesbeziehungen führen stets zur Ehe und verstricken den Helden nicht in Probleme. Arbeit muß ernst genommen, der Beruf als wichtige Aufgabe dargestellt werden, doch darf der Erfolg möglichst nicht auf Kosten anderer zustande kommen. Ältere Personen werden mit respektvoller Zuneigung behandelt, doch allzu große Liebe macht sich als übermäßige Vater- und Mutterbindung verdächtig.

Es gereicht der Testperson nicht zum Schaden, wenn ihre Geschichten recht banal ausfallen. Lustige, ironische oder absurde Einfälle bringen in diesem Test keine Pluspunkte, können aber leicht als Abwehr oder Hinweis auf psychische Abgründe gedeutet werden.

Wichtig ist, daß die Handlung zum Bild paßt: Wenn Personen oder wesentliche Gegenstände unerwähnt bleiben, glaubt der Testleiter, sie seien aus Angst verdrängt worden. Wichtig ist, daß die Hauptperson gesund, tatkräftig und menschenfreundlich auftritt: Jede Eigenschaft, die man dem Helden zuschreibt, wird im Testergebnis dem Erzähler zugeschrieben. Wichtig ist, das Geschlecht der abgebildeten Personen korrekt zu beschreiben: Wer Mann und Frau nicht auseinanderhalten kann – und sei es nur an der Frisur –, gerät alsbald in den Verdacht der Homosexualität. Wichtig ist vor allem, daß jede Geschichte ein ordentliches Ende hat, möglichst ein positives. Doch selbst ein böses Ende ist besser als ein ungewisses.

Der klinische TAT umfaßt 20 Bilder, darunter auch Landschaften und ein leeres weißes Blatt. Für Ausleseprüfungen wird oft ein abgekürztes Verfahren verwandt, das weniger Bilder und u. U. einen speziellen Bezug zur Berufssituation enthält. Sind etwa Arbeitssituationen dargestellt oder Gruppen von Gleichaltrigen, so sollen die Teamfähigkeit, das Erfolgsstreben, die Berufsmotivation des Probanden geprüft werden. Handelt es sich um Bilder mit älteren Personen, so geht es gewiß ums leidige Autoritätsproblem. Sind Menschen mit unterschiedlichem Geschlecht zu sehen, dann heißt es: gesunde, harmlose Sexualität beweisen. Und selbst wenn feuerspeiende Drachen oder öde Mondfelder abgebildet sein sollten, immer gilt die Grundregel: Der Held setzt sich durch.

4. Kleinbildpsychologie

Briefmarkenfreunde wissen, daß sich auf kleinem Raum oft Großes entfalten kann. Nicht viel größer als ein Postwertzeichen sind auch die Projektionsfelder, auf denen der Wartegg-Test die Persönlichkeit mißt. Das enge Kästchen zwingt zu Konzentration und filtert die wesentlichen Charakterstrukturen heraus, die das Testopfer eigentlich verbergen möchte.

«Die den andern Charaktertests gegenüber zumeist erhobenen Einwände, nämlich die Möglichkeit der Abwehrhaltungen und Täuschungen, treffen auf den Wartegg-Test nicht zu, denn hier weiß die Vp nichts vom Zweck der Aufgabe. Dadurch wird verhindert, daß sie etwa aus einem gewissen Mißtrauen ihre Anlagen zu vertuschen sucht. Die Spontaneität des Ausdrucks kann frei ausschwingen, denn das Anfangszeichen, ein unvollständiges Bild, erweckt auf ganz natürliche Weise Bildvorstellungen, zwanglos und ohne Kunstgriffe.»
Marian Kinget, *The Drawing Completion Test*, New York 1952.

Dem Probanden liegt ein Bogen mit acht quadratischen weißen Feldern vor, auf denen winzige Zeichen vorgegeben sind, die er zur Zeichnung ergänzen soll. Den Pünktchen, Strichen oder Wellenlinien haftet jeweils ein ganz besonderer Symbolcharakter an, der den Gestaltungsdrang in eine bestimmte Richtung lenkt. Je nach der Reihenfolge, der Ausführlichkeit, der Zuwendung, mit der die einzelnen Bildchen hergestellt werden, erkennt der Wartegg-Tester bereits, welchen Persönlichkeitstyp er vor sich hat. Er stützt sich dabei auf eine Abart der Ganzheits-Psychologie, die es erlaubt, die Menschheit in drei Typen einzuteilen: Es gibt Erlebnisbestimmte, die sich von Gefühl und Phantasie leiten lassen, Sachbezogene, die von Verstand und Willen beherrscht werden, und integrierte Naturen, die beide Tendenzen ausgewogen und produktiv in sich vereinen.

Natürlich muß jede aufgeklärte Versuchsperson danach streben, in diese dritte Kategorie zu gelangen, wobei ein gewisses Übergewicht des sachbezogenen Anteils anzustreben ist, vor allem, wenn es sich um Bewerber für Managementposten handelt.

Die Charakterfunktionen, die Erfolg und Leistung verheißen, werden auch in diesem Test, nach vertrautem Stereotyp, als typisch männlich bewertet, doch sollten aufstrebende weibliche Wesen sich dadurch nicht hindern lassen und lieber auf ein Stück ihrer «Weiblichkeit» verzichten, um im Wettstreit der Auslesetests günstig abzuschneiden.

Die ersten und letzten beiden Quadrate der Zeichenvorlage gelten als weiblich, denn dort sind die Anfangszeichen gerundet. Wer sie betont, ist anpassungsfähig, gefühlvoll, spontan – mit andern Worten richtig nett, aber nicht sehr bedrohlich. Der mittlere Block, vom dritten bis sechsten Feld, mit geradlinigen Anfangszeichen, entspricht dem männlichen Ideal: sachlich, tüchtig, vielleicht etwas streng. Es empfiehlt sich, beide Sorten zu mischen und vor allem dem Bild Nr. 5, welches Mut und Dynamik fordert, und dem Bild Nr. 8, welches Wärme und Offenheit verrät, liebevolle Beachtung zu schenken. Der Testleiter registriert sorgfältig, welche Felder zuerst ausgefüllt werden, und fragt auch am Schluß, welche Bilder den Probanden besonders befriedigt haben. Hier läßt sich das Testergebnis relativ leicht beeinflussen, indem man sowohl die weiblich-gefühlvolle als auch die männlich-sachliche Gruppe berücksichtigt.

Der günstige Eindruck wird noch wesentlich erhöht, wenn man sich eine charakterlich wertvolle Zeichentechnik zu eigen macht. Dazu gehört ein kräftiger, gleichmäßiger Druck, der Vitalität verrät, während Schwankungen auf Jähzorn schließen lassen. Radieren und Verbessern muß unbedingt vermieden werden. Gerade und runde Zeichenelemente sollten ausgewogen verwandt werden, das erste deutet auf Willensstärke, das zweite auf Flexibilität. Besonders wertvoll sind durchgeführte Linien, weite Kurven, die den «spannungsfreien Menschen» auszeichnen, der bewußte und unbewußte Persönlichkeitsanteile gut integriert hat. Die Zeichnung soll etwa die Hälfte bis Dreiviertel der vorgegebenen Fläche ausfüllen; mehr wäre neurotisch, weniger ist nur bei älteren Herren zugelassen, die damit den klaren Sinn für Wesentliches dokumentieren können.

Schattierungen und Dunkelfärbungen sind problematisch, können leicht als emotionaler Konflikt ausgelegt werden, je dunkler, desto ärger. Auch Kritzeln wird von den Wartegg-Anhängern mit Mißtrauen betrachtet; ganz besonders, wenn sie etwa selbstgefällige (?) oder symbolische Kritzeleien entdecken, die für passive und realitätsferne Eigenbrötler typisch sind.

Natürlich sind auch die Bildinhalte von tiefer Bedeutung. Der Ganzheitspsychologe nennt sie «Sinngebungsfaktoren» und mißt ihnen die magische Eigenschaft zu, «ein geistiges und affektives Band zum inneren Zustand der Vp» darzustellen. Von «Auge» (Erwartung, Enttäuschung oder Furcht) bis «Züge und Schienen» (Flucht, Bedürfnis nach Veränderung) sind im Wartegg-Handbuch rund hundert Bildinhalte und ihre tiefe Bedeutung für den Seelenzustand des Zeichners aufgezählt (C. Biedma und P. d'Alfonso, *Die Sprache der Zeichnung*, Bern 1959). Diese Liste, die ans große ägyptische Traumbuch erinnert, kann auch der gewitzten Versuchsperson wichtige Hinweise geben, wie sie sich vorteilhaft darzustellen hat, wobei es vor allem lohnt, sich die positiven Inhalte einzuprägen.

Inhalt	**Psychische Einstellung**
Berufszeichen und Werkzeuge	Streben nach beruflicher Vervollkommnung
Bleistifte und Pinsel	desgleichen
Brille	Verlangen nach Harmonie und Versöhnung
Bücher und Lehrmittel	Perfektions- und Auszeichnungsstreben
Fahrzeuge	Dynamik, Freude am Komfort
Garten	Streben nach innerem Frieden
Gebäude oder Gebäudeteile	Einflüsse des andern Geschlechts
Gepäckstücke	Lebensplanung
Geschlossene Tür	Bedürfnis, ein Ideal zu suchen

Inhalt	Psychische Einstellung
Gestirne, Sonne	Streben nach Klarheit und vertiefter Selbsterkenntnis
Insekten	Beschäftigung mit Fragen sozialer Art
Lokomotive	Expansionsdrang, Wunsch nach Veränderung
Natur	Freiheit und Ausdehnungsbedürfnis
Soldaten	Disziplin, Pflichterfüllung
Sport und Spiele	Dynamik, Wechsel
Telegrafenstangen	Wunsch nach Änderung des sozialen Milieus
Treppe	Perfektionsstreben
Waage, Gewichte und Maße	Gerechtigkeitssinn, Ordnung
Wasser, Fluß, Brunnen usw.	Wunsch nach körperlicher Tätigkeit

Oft sind es nur haarfeine Nuancen, die einen wertvollen Charakterzug vom eher tadelnswerten unterscheiden. So gelten Gefäße, Urnen, Kochtöpfe usw., die oben offen sind, als Indiz für klare Selbsterkenntnis; der gleiche Topf aber verrät, wenn ein Deckel drauf ist, ängstliche Zurückhaltung. Fast noch diffiziler ist es mit den Fahnen, die ein unbedachter Zeichner auf seinem Bildchen wehen lassen könnte: Flattern sie nach rechts, so ist die schöne Tugend der Vaterlandsliebe und eine allgemeine Erfolgstendenz angedeutet. Flattern sie aber nach links, so bedeuten sie «Kult der Vergangenheit» und «Flucht vor Verantwortung».

Wie bei den meisten Tests ist auch bei Wartegg die Zahl der negativen Möglichkeiten weitaus größer als die Chance, einen guten Eindruck im Testergebnis zu machen. Zu den Fettnäpfen, vor denen besonders gewarnt werden muß, gehört das Zeichnen von Briefen, Füßen, Händen, Ohren, Schlangen, Uhren und Wäldern, die allesamt auf Angst hindeuten. Totenköpfe, Friedhöfe, Waffen, schädliche Tiere lassen bedenkliche Aggressivität erkennen, während zahme und nützliche Tiere selbstredend auf einen ebenso zahmen Charakter hinweisen.

Natürlich muß der kontaktfreudige Proband, der sich aufgeschlossen und teamfähig zeigen will, auf mehreren Feldern Menschen abbilden, die sich möglichst bewegen (Dynamik!) und nicht etwa passiv, krank oder gebeugt erscheinen. Sie sind schmucklos, aber freundlich und etwas älter als der Proband. Im Gegensatz zu den meisten anderen projektiven Tests wird bei Wartegg ein reifes Lebensalter als Zeichen von Macht und Unabhängigkeit gewertet. Kinderbilder sind nur für Frauen normal, außerdem noch bei «Lehrern ohne Aufstiegschancen»; aber wer möchte denen gleichen?

Aktbilder können schon angesichts des kleinen Formats keinen Schaden beim Testleiter anrichten, doch müssen ganze Menschen drauf sein, nicht nur Einzelteile.

Auch die unbelebte Natur hat ihre Vorteile, sie deutet auf Idealismus und Sensibilität hin, doch genügt eine Zeichnung dieser Art. Ein Übermaß würde «Mangel an Männlichkeit und Durchsetzungskraft» bedeuten. Besonders günstig wird es gewertet, wenn Landschaftsbilder ein Stück menschlichen Realismus enthalten, wenn etwa am romantischen Waldsee auch ein Angler mit Pfeife abgebildet ist. Aus all diesen Einzelteilen setzt der Wartegg-Tester ein kompliziertes Persönlichkeitsgebäude zusammen, das auf den vier Säulen Gefühl, Phantasie, Willen und Verstand beruht. Alle vier Säulen müssen gut entwickelt sein, um dem Wunschbild dieser psychologischen Richtung zu entsprechen, das – zumindest für die Dauer des Tests – auch das Wunschbild des Probanden sein sollte. So darf er auch nicht damit hadern, daß dem «wohlintegrierten erwachsenen Manne» ein Seelengebäude zugeschrieben wird, bei dem die beiden Eckpfeiler «Willen» und «Verstand» besonders kräftig entwickelt sind. Bei weiblichen Testpersonen wird eine solche Entwicklung offenbar ungern gesehen: Wenn sie's ihren männlichen Kollegen an Tüchtigkeit gleichtun, widersprechen sie den Erfahrungswerten der Wartegg-Lehre. Es muß also im Einzelfall abgewogen werden, ob man das Odium der «Unweiblichkeit» riskieren und einen kräftigen Schuß Willenskraft und Intellekt ins Testergebnis mischen will.

Diese Tugenden können besonders deutlich durch dreidimensionale, aufstrebende Bauwerke demonstriert werden. Ein perspektivisch richtiger Wolkenkratzer etwa verrät Dynamik und Logik zugleich. Auch Brücken und Schreibtischlampen werfen ein günstiges Licht auf die geistigen Energien des Zeichners. Dabei wird besonders auf Aufbau und Tiefe des Bildes geachtet. Unnötige Details, vor allem Zierat, kann man sich schenken, hingegen ist es wichtig, keine isolierten Objekte, sondern jeden Gegenstand mit etwas Umgebung abzubilden. Zum

Haus gehört ein Stück Land, zur Blumenvase ein Tisch und zu jedem Menschen ein wenig Erdboden, um fest drauf zu stehen; dann darf man hoffen, daß auch die Versuchsperson mit beiden Füßen im Leben steht, Kontaktfreude und Realismus beweist. Isolierte Gegenstände indessen weisen auf einen einsamen Menschen hin, und so einer kriegt keinen erstrebenswerten Job.

Der ideale Bewerber spiegelt sich im Wartegg-Test durch geschickte Verwendung der vorgegebenen Bildelemente. Die «weiblichen» Felder 1, 2, 7 und 8 sollten möglichst gemüthafte, organische Bildinhalte zeigen, die den gerundeten Formen der Vorgabe angemessen sind. Besonders günstig sind bewegte Menschen, Gesichter, vielleicht auch eine Landschaft (mit etwas Mensch). Die geraden Linien der Felder 3 bis 5 sollten zu männlich-nützlichen Inhalten, Bauwerken, Fahrzeugen oder Arbeitszusammenhängen ausgemalt werden. Abstrakte Schnörkel, mystische Erscheinungen oder Symbolfiguren sind tunlichst zu meiden, weil sie weltferne Arroganz, wenn nicht gar Geisteskrankheit andeuten. Aber auch die Neigung zu niedlichen Blumen, Kätzchen und Kindern muß möglichst unterdrückt werden, weil man dann als allzu brav, konventionell und naiv eingestuft wird.

Ein Wort der Warnung: Unter den Wartegg-Anhängern gibt es eine Gruppe, die sich dem Kampf gegen spitze Winkel verschworen hat, andere Wartegg-Freunde stehen diesem Phänomen gelassener gegenüber. Da man aber nicht wissen kann, welcher Fraktion der jeweilige Testleiter gerade angehört, empfiehlt es sich vorbeugend, alle spitzen Winkel, auch Dreiecke, Rhomben und Strahlen auf ein Mindestmaß zu beschränken oder durch weitgeschwungene Bogen zu «neutralisieren». Im Winkel lauern Aggressivität und Ungeduld, mangelnde Gemeinschaftsfähigkeit und andere schlimme Untugenden, die einer aufgeklärten Testperson schlecht zu Gesicht stünden.

5. Seele im Selbstbild

Wenn man Kinder ein Männlein malen läßt, kann man einiges über ihren Entwicklungsstand erfahren. Diese Erkenntnis ist Müttern und Kindergärtnern seit jeher vertraut; sie führte in den zwanziger Jahren in den USA zur Entwicklung des Draw-a-man-Tests, der sich für die Altersgruppe der 4- bis 10jährigen als ein recht zuverlässiges Instrument zur Messung von Beobachtungsgabe und Denkfähigkeit erwies. Er gilt in Amerika als einer der meistbenutzten Intelligenztests für Kinder. Eine abgewandelte Form wird in deutschen Schulreifetests häufig verwandt. Dabei wird die realitätsgerechte anatomische Darstellung eines Menschen nach einem Punktsystem bewertet: Wer etwa nur ein frühkindliches Mondgesicht mit Spinnenbeinen darstellen kann, erhält ca. 7

Punkte, die einem Intelligenzalter von 4½ Jahren entsprechen. Für einen komplett gekleideten Herrn mit Gesichtsausdruck, der an allen Händen fünf Finger und richtige Schuhe an den Füßen hat, kann man die Höchstzahl von 51 Punkten und damit ein Intelligenzalter von 13 Jahren erreichen. Für höhere Stufen geistiger Entwicklung ist dieser Test nicht angelegt. Im Kielwasser dieses erfolgreichen Verfahrens kam auch seine projektive Abart aus USA zu uns: «Draw a Person», kurz DAP genannt, ist ein Test, der das gleiche Grundmaterial, den gezeichneten Menschen, nach verborgenen Persönlichkeitsmerkmalen durchleuchtet.

Wer als Erwachsener, etwa im Rahmen einer Stellenbewerbung, dazu aufgefordert wird, einen Menschen zu zeichnen, kann sicher sein, daß es hier nicht um Zeichenkunst oder Intelligenzprüfung geht, sondern nur um seine Seele. Die Erfinder des DAP-Tests sind überzeugt, daß schon die Einladung zum Zeichnen dynamische Prozesse im Innern des Probanden auslöst. So wird von Anfang an jede Bewegung, jedes Zögern, jede Frage als aufschlußreich gewertet; besonders verdächtig macht sich der Proband, wenn er etwas radiert oder verbessert: Hier können nur emotionale Barrieren am Werke sein! Aber auch unzufriedene Nebenbemerkungen, Achselzucken oder selbstkritische Kommentare können zum Nachteil der Versuchsperson geraten, indem sie als «feindliche Gefühle gegen sich selbst» zu Buche schlagen.

Denn was immer man zeichnet – die Lehrmeinung sieht ein Selbstbild darin, gespickt mit Trieben, Konflikten und verdrängten Wünschen. Die DAP-Diagnostiker gehen durchweg von psychoanalytischen Vorstellungen aus; sie wittern in jedem Bleistiftstrich ein Symbol für Angst und Aggression, für Minderwertigkeitskomplexe und vor allem natürlich für sexuelle Konflikte. Diese Sichtweise erlaubt es dem Testleiter, nur wenig Positives am Probanden wahrzunehmen. Im Katalog der DAP-Merkmale, auch in den Falldarstellungen dieser Technik ist der normale, gesunde Mensch gar nicht erst vorgesehen (W. H. Urban, *Draw-a-Person Catalogue*, Los Angeles 1968). Dennoch wird dieser Test in Einstellungsuntersuchungen häufig verwendet, um verdeckte Schwächen des Bewerbers «zu enthüllen».

Der geschickte Bewerber vermeidet solche Enthüllung am besten, indem er sich ruhig und gelassen verhält, keine Fragen stellt und keine Selbstkritik äußert. Er läßt keine Zweifel daran, daß die Person, die er zeichnet, dem eigenen Geschlecht angehört, daß er also stolz ist, ein Mann bzw. eine Frau zu sein. Er beginnt etwa in der Mitte des Papiers, ein wenig nach oben gerückt – das zeigt Optimismus – und ein wenig nach rechts – das zeigt Umweltfreundlichkeit –, und sorgt dafür, daß die Figur nicht zu klein wird, denn das würde auf «geringe Energie und geschrumpftes Ichgefühl» deuten. Er beginnt mit dem Kopf, dem

«Sitz der Persönlichkeit», der deshalb eher groß ausfallen darf, und arbeitet sich methodisch zu den Füßen herab, möglichst ohne das Tempo je zu ändern. Wer am Hals oder an der Taille zögert, verrät Angst vor dem eigenen Körper, sexuelle Verklemmung und allgemeine Unsicherheit. Es darf höchstens zehn Minuten dauern, bis ein einigermaßen lockeres und proportioniertes Bild entstanden ist. Kunstfertigkeiten sind nicht gefragt – im Gegenteil: Sie können sich nur schädlich auswirken. Pluspunkte lassen sich hier wie anderswo am besten durch absolute Unauffälligkeit und Mittelmäßigkeit sammeln.

Die Liste der möglichen Minuspunkte hingegen ist lang. Jedes Detail, das Aufmerksamkeit erweckt, löst auch die Mißbilligung des Beurteilers aus. Bei üppiger dunkler Haartracht etwa schließt er auf unmäßige Sexualität, bei blassen Frisuren wittert er Depression. Bärte deuten auf Machthunger hin, Spitzbärte lassen zusätzlich asoziale oder künstlerische Tendenzen vermuten. Wer diesen Haarproblemen ausweichen will und seine Figur mit einem Hute krönt, setzt sich damit nur dem Verdacht der Impotenz aus, wenn er ein Mann ist. Damen, die Hüte malen, gelten hingegen als lockere Vögel, die sich hinter einer braven Fassade verstecken. Geradezu tollkühn und ganz und gar nicht empfehlenswert ist eine Krone als Kopfputz: Sie deutet auf «Größenwahn, starke Herrschaftsbedürfnisse und mangelnden Realitätsbezug».

Wie schwer es ist, den Geschmack des Testleiters zu treffen, zeigt sich besonders deutlich an den Ohren: Große Ohren beweisen Mißtrauen oder Halluzinationen, kleine Ohren, daß man nicht hören will, also unbelehrbar ist, und gar keine Ohren, daß man Halluzinationen hat und sie verleugnet. Harmlos ist also nur, wem es gelingt, ein ganz genau mittleres Ohr zu treffen.

Ähnliche Fallen lauern auch bei der Kleidung. Aktfiguren sind nur für Kunststudenten und Personen in psychoanalytischer Behandlung zugelassen; alle andern Nacktzeichner weisen sich als sexuell geschädigt oder schizophren aus. Andererseits darf die Kleidung keinerlei Zierat aufweisen (narzißtische Tendenz) und nicht in der Mitte zugeknöpft sein, weil das Unreife, Abhängigkeit und starke Mutterbindung verrät. Auch Manschettenknöpfe sind zu verwerfen, da zwanghaft und kleinkariert. Wer Taschen auf die Kleider malt, ist auch nicht viel besser: ein abhängiger Schwächling, vielleicht sogar Säufer und jedenfalls unreif. Ein Gürtel oder andere Betonung der Taillenlinie mag schließlich andeuten, daß der Zeichner sich übermäßig kontrolliert, autoritär und wenig flexibel ist.

Es empfiehlt sich also, schlichte, lockere Gewänder zu zeichnen, die freilich den Geschlechtsunterschied durch passende Kurven andeuten. Arme und Beine sollen kräftig sein, denn sie bedeuten die Einstellung zur Umwelt. Wer auf festen Füßen steht, möglichst etwas breitbeinig, wer die Hand zum Gruß ausstreckt, gilt als stabiler, kontaktfreudiger

Mitmensch. Hände sind schwer zu zeichnen, doch sollte man sich keinesfalls verleiten lassen, sie deshalb hinterm Rücken, in Taschen oder Fausthandschuhen zu verbergen, denn das läßt auf ein ganzes Bündel von Komplexen schließen: entweder Schuldgefühle oder Aggression oder Kontaktschwäche, oder übermäßige Masturbation oder alles auf einmal. Natürlich dürfen die Hände nicht wie Klauen aussehen («schwere Feindseligkeit») oder an Blütenblätter erinnern («kindliche Naivität»), hingegen ist es netterweise erlaubt, ihnen mehr als fünf Finger zu geben: ein Zeichen für Ehrgeiz und Erwerbssinn.

Der Rat, sich überflüssiger Details zu enthalten, gilt vor allem für jene Probanden, die einen Einblick in ihre Intimsphäre für unnötig halten. Während nämlich Rumpf und Glieder der gezeichneten Figur dem DAP-Theoretiker dazu dienen, sich eine Meinung über Selbstvertrauen, Kontaktbereitschaft, Disziplin, Stabilität und Selbständigkeit des Zeichners zu bilden, wird das Kleinzeug dazu benutzt, ungeahnte sexuelle Tiefen auszuloten. Hüte und Stöcke, Schuhe und Nasen, Pfeifen, Zigaretten und Pistolen sind anerkannte Symbole der Männlichkeit. Wer sich diesen Einzelteilen liebevoll zuwendet, beweist aber nicht etwa besondere phallische Qualitäten, sondern im Gegenteil Ängste. Er wird als impotent, weiberfeindlich, unreif oder haltlos registriert.

Leicht kann man auch in den Verdacht der Homosexualität kommen: Männerköpfe mit gefälligem Profil, mit weichem Mund, geschwungenen Augenbrauen, langen Wimpern oder auffälliger Frisur gelten als Verdachtsmomente, außerdem betonte Hüften, prominente Hinterbacken, zierliche Taillen oder hochhackige Schuhe. Selbst deutlicher Bizeps und dicke Knie lassen die volle Männlichkeit bezweifeln. Lesbierinnen haben weniger zu befürchten: Sie scheinen bisher keinen Anhalt für die Aufmerksamkeit der Tester gegeben zu haben und könnten sich höchstens durch kleine Busen verraten. Hohe feste Brüste werden hingegen von jungen Frauen gezeichnet, die «die mütterliche Reife verschmähen und nach Gleichberechtigung und freier Liebe streben». Die Verfasser des DAP-Handbuches scheinen das für etwas Schlechtes zu halten. Doch wäre es falsch, auf Hängebusen auszuweichen: Das gilt bei Mann und Frau als Zeichen der Abhängigkeit und Unreife. Auch Genitalien muß man meiden; sie sind nur Halbwüchsigen und Kunststudenten erlaubt, andernfalls deuten sie auf ernste Geisteskrankheit hin!

Der einzige Körperteil, bei dem es sich lohnt, ein wenig Mühe auf die Ausgestaltung zu verwenden, ist der Kopf. Hier gibt es Gelegenheit, sich auszuzeichnen, indem man etwa ein kräftiges Kinn («Führungseigenschaften»), eine gewölbte Stirn («intellektuelle Ambitionen»), allerdings ohne Sorgenfalten («Grübler») gestaltet. Besonders wichtig sind Mund und Augen, bei denen die Tester hohe Anforderungen stellen. So darf der Mund weder zu klein noch zu sinnlich, weder die Zähne zeigen noch fest geschlossen sein, denn daraus ließen sich Egoismus, Unreife, beißender Sarkasmus oder kalte Verschlossenheit schließen. Geschwungene Lippen, deren Mundwinkel eben gerade ein wenig nach oben streben, sind zu empfehlen, dürfen aber keinesfalls in breites Grinsen ausarten, denn darin erkennt der Testleiter sofort die künstliche Fassade, die üble Wahrheiten verbirgt.

Die Augen werden im DAP-Handbuch als «Fenster der Seele» bezeichnet und mit entsprechendem Mißtrauen studiert. Sind sie blicklos, geschlossen oder verborgen, so verraten sie die Tendenz, Realitäten zu meiden, Kontakte zu scheuen. Ein stechender Blick deutet auf Mißtrauen und Verfolgungswahn; große Augenhöhlen lassen Schuldgefühle vermuten; wer schielt, verrät «konfuses Denken». Da lohnt es sich schon, ein wenig zu üben, damit der Blick nicht versehentlich oder aus Ungeschick stechend, schielend oder blicklos gerät.

Auch für die Nase sollte man ein wenig trainieren, um genau das richtige Maß zu treffen: Lang darf sie sein, denn das bedeutet soziale Aktivität und Führungsanspruch, aber keinesfalls dreieckig («infantile Sexualität»), schattiert («Kastrationsängste») oder scharf («Aggressivität»). Am verwerflichsten ist die Hakennase: ein Zeichen für «üble und geizige Denkweise»!

Der Gesichtsausdruck und die «allgemeine Stimmung der Figur» werden von den Testern hoch bewertet. Dabei ist ein Gesamteindruck wünschenswert, der Heiterkeit, Stärke, Aktivität ausstrahlt. Es ist freilich Glückssache, ob man den gewünschten Eindruck auch wirklich erweckt, denn nach amerikanischen Untersuchungen besteht in diesem Punkt oft Uneinigkeit unter den Beurteilern (vgl. S. und R. Fisher, «Test of Certain Assumptions Regarding Figure Drawing Analysis» in *Journal of Abnormal Social Psychology* [45], S. 727–732). Ob ein Gesichtsausdruck als freundlich, unreif oder ehrgeizig einzustufen ist, bleibt dem Wohlwollen des Testleiters überlassen. Ihn zu manipulieren, muß der Ehrgeiz jedes geschickten Probanden sein. Oft bietet sich im zweiten Teil des Tests eine ideale Chance, wenn nämlich die Aufforderung erfolgt, die gezeichnete Person zu erläutern. Die Frage lautet etwa: «Wen stellt diese Figur dar?» oder «Erzählen Sie mir etwas über diese Person.»

Da die DAP-Theorie sowieso davon ausgeht, daß jeder ein Selbstbild entwirft, geht man am besten offen oder verdeckt darauf ein und spricht von sich selbst oder von «mein bester Freund» – denn der gilt bei Psychologen ebenfalls als Umschreibung des Selbstbildes. Diesen Freund stattet man nun mit allen Eigenschaften aus, die dem Anlaß entsprechen. Er ist freundlich, energisch, erfolgsorientiert und hat keinerlei persönliche Probleme. Er liebt den Sport und seine Braut, vor allem aber seinen Beruf. Sollte die Zeichnung völlig mißlungen sein, so gibt man heiter-gelassen zu: «Der Ausdruck scheint mir ein wenig verrutscht»; keinesfalls aber sind Selbstanklagen, späte Korrekturen oder besorgte Blicke am Platz. Der gesunde Proband zeigt freundliches Interesse an der Arbeit des Psychologen, weil er jede Arbeit respektiert, läßt aber keinesfalls erkennen, daß er ein negatives Ergebnis befürchtet.

«Naive Personen enthüllen in solcher Befragung oft wichtige Daten über sich selbst und erhöhen damit die Gültigkeit des DAP.»
W. H. Urban, *Draw-a-Person Catalogue*, Los Angeles 1968.

Die Naivität des Testleiters steht leider meist nicht zur Debatte; sonst könnte man ihn darauf hinweisen, daß der DAP-Test kaum eine wissenschaftliche Grundlage hat und in anerkannten Lehrbüchern wegen mangelnder Gültigkeit verspottet (Anne Anastasi, a. a. O., S. 615f) oder sogar in seinen einzelnen Hypothesen widerlegt wurde (C. H. Swensen, «Empirical Evolution of Human Figure Drawings» in B. Murstein, *Handbook of Projective Techniques*, New York 1965, S. 609–650). Trotzdem gedeiht er fröhlich weiter.

6. Der Mensch als Baum

Moderne Psychologen, frisch von der Uni, finden den Baumtest eher komisch.

In den internationalen Handbüchern hat er keinen Platz. Dem wissenschaftlichen Ernst der Faktorenzähler und Profilberechner bietet er wenig Anhaltspunkte. Auch seine Herkunft ist bescheiden: Herr Zukker, Berufsberater in Fägswil bei Rüti, Kanton Zürich, hat ihn in den späten zwanziger Jahren ersonnen. Er wurde an Schweizer Volks- und Hilfsschulen als erziehungsberaterisches Hilfsmittel eingesetzt und schließlich von einem Luzerner Psychologen, Karl Koch, systematisiert und veröffentlicht.

Im Baum, so meinen seine Anhänger, zeigt sich der unbewußte Kern der Persönlichkeit; wer einen Baum zeichnet, stellt sich selbst dar und verrät also einen Teil seiner Geheimnisse. Wenn auch ein volles Persönlichkeitsbild nicht erwartet werden kann, so doch ein wesentlicher Beitrag dazu. Der Test ist schon deshalb beliebt, weil er so herzlich einfach anzuwenden ist: Man braucht Papier und Bleistift. Die Aufforderung «Zeichne einen Obstbaum» kann kaum mißverstanden werden, und so trauen sich Lehrer und Berufsberater, Amateurpsychologen und Akademiker mit Uralt-Ausbildung allenthalben zu, diese einfache Elle an die Seele des Menschen zu legen.

Wer dem Baumtest begegnet, kann ruhig durchatmen: Er hat bereits wesentliche Hinweise auf den Testleiter erhalten. Das ist ein Mann, dem die moderne Wissenschaft ziemlich piepe ist, dem es mehr um Seele geht als um Fixigkeit. Im Handbuch zum Baumtest stehen kraftvolle Lebensweisheiten: «Der Wald ist typisch für das menschliche Leben» oder «Beim Baumzeichnen wird aus einer Art Wissen um das Wesen des Holzes alles Anlagemäßige deutlich projiziert». Ein Psychologe, der diesem Test vertraut, muß auch an solchen Denkweisen Gefallen finden.

Also munter drauflos gezeichnet: Stamm, Äste, Blattwerk und noch ein paar Äpfelchen dazwischen – halt! Die Äpfel waren schon zuviel des Guten. Obst am Baum – auch wenn ein Obstbaum bestellt ist – soll nur bis zur Pubertät gestattet sein, danach wird es nachteilig gewertet. Es verrät Unreife, den Wunsch nach schnellem Besitz, Erfolgshascherei und einen weiteren Katalog mißlicher Eigenschaften, darunter gar die schlimme Vermutung, der Proband sei «in seiner Berufswahl eventuell vom Einkommen bestimmt»! Solche Leute lehnt der Baumtest ab, dessen geistige Väter einen Hauch von Rudolf Steiner verspürt zu haben scheinen.

Wenn schon Äpfel, dann wenigstens abgefallene: ein «Merkmal der Lösung», ein «dynamisches Element», das auf Feinfühligkeit, Verzichtbereitschaft und Schenkfreude schließen läßt. Allerdings steht im Handbuch: «Das Merkmal wurde vereinzelt beobachtet bei Menschen, die bald starben.» Am besten läßt man die Äpfel doch ganz weg.

Ein Baum besteht aus Stamm und Krone. Der Stamm muß möglichst gerade sein, weder nach links («Mutterbindung»), noch nach rechts («Mißtrauen») verbreitert. Er kann bis zum Wipfel durchgehend gezeichnet werden, wenn man als vitaler Instinktmensch von primitiver Stoßkraft angesehen werden möchte. Wer sich ideenreich, begeisterungsfähig, intellektuell darstellen möchte, wählt hingegen einen eher kurzstämmigen Baum mit hochstrebender Krone, die rechts ein wenig breiter auslädt («selbstbewußt») und sich wohl auch mit der Spitze etwas nach rechts neigt («gütig, gemeinschaftsbezogen»), aber ja nicht zuviel, sonst haltlos!

Spalierbäume sind nur für gewisse Spezialisten günstig. Sie verraten hohe Disziplin und technische Begabung, deuten aber andererseits den unechten Musterknaben an.

Großer Sorgfalt ist den Zweigen zu widmen, die natürlich nirgends Beulen oder Einschnürungen aufweisen dürfen, denn das ließe Affektstauung oder Verkrampfung vermuten. Kerben, Stümpfe, Kröpfe deuten auf Amputation oder chronisches Leiden und sind eigentlich nur dann zu empfehlen, wenn der Proband sowieso Invalide ist und gerade auf Grund seines Unglücks gefördert werden möchte.

Am Ast scheiden sich die Geister: das heißt, hier gilt es noch einmal, sich das angestrebte Testergebnis vor Augen zu führen. Worum geht es? Kommt es mehr auf Tatkraft an? Dann kräftige Äste von gleichbleibender Stärke; das deutet, wenn auch ein wenig heftig, auf Ehrgeiz und Ausdauer. Will man einen kreativen Eindruck machen? Dann Röhrenäste – am Ende offen –, die nicht in eine Spitze auslaufen und dadurch den Drang zum Forschen und Entdecken, spielerische Impulse, freilich auch einen Mangel an Entscheidungsfreude belegen. Ist ganz besondere Empfindsamkeit gefragt? Dann reiche, feine Verästelungen, sicheres Anzeichen von «Feinnervigkeit» und dergleichen.

Als Geheimwaffe des Probanden kann schließlich in ernsten Fällen der Frontal-Ast eingesetzt werden, der in der Mitte des Stammes hervorsprießt, also gewissermaßen die dritte Dimension andeutet. Dieses Merkmal verrät, laut Baumtest-Handbuch, eine ganz außerordentliche Begabung, Originalität, hohen Mut, großes Selbstvertrauen und seelische Tragfähigkeit und konnte bei der Schweizer Bevölkerungsstichprobe, an der man den Test einst ausprobierte, nur ganz selten beobachtet werden.

Wer sich so weit ins Gemüt der Baumtester hineinversetzt hat, wird schon von selbst darauf kommen, daß Schattierungen nur sehr vorsichtig (denn duster ist traurig) und natürlich nur rechts («anpassungswillig») angebracht werden dürfen, daß lockeres Blattwerk angenehme Umgangsformen und «Wertlegen auf das Äußere» bedeuten und daß Vögel oder Vogelhäuser auf spaßigen Übermut schließen lassen.

Wie aber hört der Baum unten auf? Sehr wichtig: nicht direkt auf den Blattrand stellen, auch nicht unvermittelt in der Luft schweben lassen, sondern eine solide Basis vorsehen. Vielleicht einen welligen Bodenstrich, ein paar Grashalme, doch keinesfalls eine ganze Landschaft, die auf Weitschweifigkeit, Schüchternheit und Schlimmeres hindeutet; ja keine schräge Linie, die als «schiefe Ebene» gewertet wird, auch kein Hügel oder Inselchen, denn das wäre ein Beweis für Arroganz.

Eine Andeutung von Wurzeln ist willkommen, zeigt Festigkeit und Sinn für Tradition; aber nur ganz sparsam: Reiches Wurzelwerk verrät Haltlosigkeit, läßt Alkoholismus und/oder Geisteskrankheit wittern.

Wie gesagt, moderne Psychologen, frisch von der Uni, finden den Baumtest eher komisch. Er habe wohl kaum eine ernsthafte Bedeutung als diagnostisches Instrument, sagen sie. Das *Kompendium der psychodiagnostischen Tests* (H. Hiltmann, Bern 1966), im gleichen Verlag erschienen wie der Baumtest selbst, empfiehlt ihn mit Einschränkung zur Entwicklungsprüfung bei Kindern. In andern modernen Lehrbüchern wird er nicht mehr erwähnt. Und doch findet er noch heute bei zahlreichen Personalberatern, Betriebspsychologen und als Eintrittskarte in die mittlere Verwaltungslaufbahn Verwendung. Wer etwa in Hamburg Vollzugsbeamter werden will, muß zunächst einen ansprechenden Apfelbaum malen.

Die Versuchsperson tritt dem Versuch unvoreingenommen gegenüber in der Meinung, daß hier zeichnerische Begabungen untersucht werden . . . Freilich hat das Bekanntwerden der Methode durch mehr oder weniger ernsthafte Zeitungsschreiber dazu geführt, daß manche Probanden wissen, worum es geht.
Karl Koch, *Der Baumtest*, Bern 1954, Seite 24.

7. Die Kunst, sich richtig zu ärgern

Anders als alle übrigen ist Rosenzweig: ein Test, der eigentlich Spaß macht, der dazu verlockt, sich Witze und Frechheiten auszudenken. Da kriegt man 24 Karikaturen vorgelegt – Kunststil und Moderichtung etwa 1930 –, die schon mit Sprechblasen ausgerüstet sind und nur darauf warten, daß einem eine schlagfertige Antwort auf die dargestellten Ärgernisse einfällt. Stets sind zwei Personen abgebildet, von denen eine Mißgeschick erleidet, und man wird aufgefordert, sich an ihre Stelle zu versetzen und die leere Sprechblase mit einer passenden Erwiderung zu füllen. Da lockt die Chance, endlich all die Aggressionen abzuladen, die man in der bedrückenden Prüfungssituation, gegenüber dem Arbeitgeber, dem Personalchef oder dem Testleiter angesammelt hat. Aber halt! Das ist eine Falle.

Hier ist kein freundliches Ventil für frustrierte Testteilnehmer aufgebaut, sondern ein Instrument, das den Aggressionsstil mißt. Rosenzweigs PFT, der Bilder-Frustrationstest, will die Reaktion auf frustrierende Situationen, auf ärgerliche Zwischenfälle prüfen und benutzt als Testmaterial harmlose Bildergeschichten, die den Probanden nötigen, eigene Aggressionen in fremde Sprechblasen zu projizieren. Die Antwort, die er der frustrierten Zeichenfigur in den Mund legt, entspricht seiner persönlichen Aggressionsrichtung und erlaubt Voraussagen, wie der Proband sich in «Belastungssituationen des Alltags» verhalten wird. Sage mir, wie du dich ärgerst, und ich sage dir, wie du bist.

Rosenzweig ist auch darin anders als alle übrigen projektiven Tests, daß er nicht tief in die seelischen Abgründe herabtauchen, ein Gesamtbild der Persönlichkeit hervorheben will, sondern sich im wesentlichen auf einen Punkt, den Umgang mit Aggression, beschränkt. Daß dieser Punkt tatsächlich im Arbeitsleben von großer Bedeutung ist und deshalb auch bei Stellenbewerbungen mit einigem Recht geprüft werden könnte, wird man kaum bestreiten wollen. Ob der Test tatsächlich das spätere Verhalten des Probanden mißt und nicht nur die Wunschvorstellungen, wie er sich gern verhalten möchte, ist freilich umstritten.

Da ist z. B. die Szene mit dem unverschämten Kellner, der die Beschwerde eines Gastes zurückweist – eine alltägliche Szene, die jeder schon mal erlebt hat. Eigentlich möchte man den Kerl ganz gehörig anschnauzen – aber praktisch geniert man sich als unauffälliger Bundesbürger, im Wirtshaus Krach zu schlagen, und läßt sich meist die Frechheit gefallen. Auf dem Papier ist man schon mutiger und mag sich eine niederschmetternde Antwort ausdenken, die den unerledigten Zorn früherer Ärgernisse gleich miterledigt. So bleibt zweifelhaft, ob das Testergebnis wirklich, wie behauptet, die «charakteristische Reaktionsweise» des Getesteten erfaßt, also zur Voraussage des Alltagsverhaltens geeignet ist. Fraglich bleibt außerdem, welchen Einfluß die Testsituation auf den «Aggressionsstil» des Probanden hat. Die Hilflosigkeit des Stellenbewerbers, der sich Zumutungen beugen muß, die verletzte Selbstachtung der Versuchsperson, die vielleicht seit Stunden einem überlegenen Testleiter gegenübersitzt, mögen sich in betonter Unterwürfigkeit oder in gestautem Zorn entladen. Diese zusätzliche psychische Belastung wird aber nicht geprüft und auch im Endergebnis nicht berücksichtigt. Die statistischen Vergleichswerte, an denen die «Normalität» des Probanden gemessen wird, stammen von 300 mehr oder weniger unbefangenen Durchschnittsbürgern. (Hans Hörmann und W. Moog, *Der Rosenzweig P-F-Test, Handanweisung*, Göttingen o. J., S. 5)

Wer Rosenzweigs drolligen Bildern innerhalb einer Testbatterie begegnet, tut gut daran, wenn er nicht blindlings den eigenen aggressiven Bedürfnissen nachgibt, sondern versucht, sie klug zu steuern. Das Testergebnis gibt Auskunft über die Art, mit Schwierigkeiten fertig zu werden: ob sich der Zorn eher gegen andere oder gegen das eigene Ich richtet oder ob man geneigt ist, jeden Ärger zu verdrängen. Keine dieser drei Aggressionsrichtungen sollte ausschließlich vertreten sein; die ideale Verteilung richtet sich im Einzelfall nach der angestrebten Position. Hier muß der Proband selbst abwägen, welches Charakterbild er darstellen möchte: die intropunitive, also gegen sich selbst gerichtete Aggression sollte jedenfalls gering sein. Sie läßt auf schwaches Selbstgefühl und mangelnde Standfestigkeit schließen. Ein hoher Anteil an Impunitivität, also eine Tendenz, Schwierigkeiten leichtzunehmen, ist überall günstig: Sie macht den Umgang mit Mitarbeitern und Kunden angenehm, sie sorgt für freundlichen Arbeitsstil. Glaubt man allerdings, dem altmodischen Ideal eines autoritären Chefs gerecht werden zu müssen, so empfiehlt es sich, einen Teil der notwendigen Aggression auf die Umgebung zu richten.

Die dargestellten Ärgernisse im Rosenzweig-Test sind nicht alle von gleicher Art. Etwa die Hälfte der Mißlichkeiten beruht auf fremdem Verschulden, so z. B. ein ungeschickter Autofahrer, der einen Fußgänger mit Schlamm bespritzt, oder ein falsch verbundener Anrufer nachts um zwei. Hier darf der Proband ein wenig Zorn ablassen oder großmütig verzeihend reagieren; Selbstvorwürfe jedoch wären völlig unangebracht. Bei anderen Zwischenfällen soll der Proband sich in die Lage des Beschuldigten versetzen, dem etwa vorgeworfen wird, er habe die Autoschlüssel verloren oder eine wertvolle Vase zerbrochen. Hier soll das Über-Ich, das heißt die Gewissensbelastung der Versuchsperson, geprüft werden, wobei allgemein im Berufsleben ein zartes Gewissen nicht als vorteilhaft gilt; man sollte sich eher um möglichst stichhaltige Entschuldigungen bemühen.

Um wesentliche Pluspunkte im Rosenzweig-Test zu sammeln, darf der Proband seine Aufmerksamkeit weniger auf den vermuteten Anlaß als vielmehr auf die Lösung des Problems richten. Die Skala der Problembewältigung sieht mehrere Typen vor: Man kann die unangenehme Situation beklagen; man kann sich mit der Schuldfrage befassen oder aber an die Bewältigung des Mißstandes gehen. Kein Zweifel, daß der letzte Typ grundsätzlich den Vorzug genießt. Dabei ist es durchaus nützlich, geschickt und situationsgerecht zwischen extrapunitiven und impunitiven Problemlösungen abzuwechseln. Im Fall des verlorenen Autoschlüssels sollte man sich rasch an den Ersatzschlüssel erinnern; dem Besitzer der zerbrochenen Vase besorgt man eine neue. Vom Autofahrer, der durch die Pfütze fuhr, kann man verlangen, daß er die Reinigung des verdreckten Anzugs bezahlt, und vom unverschämten Kellner fordert man gelassen eine neue und bessere Portion.

Nicht alle Rosenzweig-Probleme lassen eine vernünftige Lösung zu. Da ist z. B. ein Jüngling, dessen Freundin mit einem andern zum Tanz geht. Die Antwort: «Macht nichts, ich habe noch andere Freundinnen!» wird nicht als Lösung, sondern als «Saure-Trauben-Reaktion» gerechnet, denn die Testverfasser gehen davon aus, daß jeder gesunde Mensch eifersüchtig ist und auf eine fremdgehende Partnerin mit Ärger reagiert. Es hat wenig Sinn, hier progressive Moralvorstellungen durchsetzen zu wollen: Die Versuchsperson wird an konventionellen Normen gemessen und kann sich daher auch ein gewisses Maß an vernünftigem Ärger erlauben, ohne zu befürchten, daß sie deshalb ungünstig vom Durchschnitt abweicht. Wer die Hälfte aller Testfragen mit Problemlösungen beantworten kann, hat bereits den denkbar höchsten Grad an konstruktiver Bewältigung erreicht und die Rosenzweig-Hürde mit Glanz genommen. Ein bißchen weniger tut's auch.

8. Handgreifliche Erkenntnisse

Neben der alten Garde ehrwürdiger Tests, die schon dreißig Jahre oder mehr im Gebrauch und immer noch wissenschaftlich umstritten sind, keimen auch junge hoffnungsvolle Triebe der Forschung empor. Sie werden ganz unerschrocken im Gutachtergeschäft verwandt, auch wenn sie noch nicht abgesichert sind. Dem Laien mag das leichtfertig erscheinen: Schließlich wird ein menschlicher Lebensweg mit Hilfe eines unerprobten Instruments beeinflußt. Bei jeder Bewerbung wird ein Stück Schicksal entschieden; das gibt man nur ungern zum Experimentieren her.

Doch diese naiven Argumente sind leicht zu entkräften: Die neuen Psychotests können gar nicht so schlecht sein, denn auch die alten sind bis heute nicht hieb- und stichfest empirisch nachgeprüft. Wer mit strengen wissenschaftlichen Maßstäben operieren will, kann auch den ältesten projektiven Test nicht zu Auslesezwecken gelten lassen. Wo aber so viel gesündigt wird wie auf diesem Gebiet, kommt es auf eine kleine läßliche Zusatzsünde gar nicht mehr an. Die jüngeren Verfahren können zum Teil sogar eine etwas größere Gültigkeit beanspruchen, weil sie bescheidenere Ansprüche stellen, nicht den globalen Blick auf die Gesamtpersönlichkeit versprechen, sondern nur über einzelne Bereiche Auskunft geben wollen.

Wenn der Testleiter also einen Haufen Fotos auspackt oder beim Gruppentest eine Reihe Dias an die Wand wirft, die allesamt eine männliche Hand in allerlei vieldeutigen Gesten zeigen, dann darf der Proband sich auf ein Stück moderner Psychodiagnostik gefaßt machen. Es handelt sich um den «Foto-Hand-Test zur Erfassung der Aggressivität», der erst 1971 aus dem psychologischen Institut der Freiburger Universität an die Öffentlichkeit gelassen wurde (siehe W. Belschner, G. Lischke und H. Selg, *Foto-Hand-Test, Handanweisung*, Freiburg 1971).

Daneben gibt es auch einen etwas älteren Handtest, der mit Zeichnungen von mehrdeutigen Handbewegungen die Persönlichkeit ergründen will; doch scheint der Foto-Test sich bei ehrgeizigen jungen Wissenschaftlern größerer Beliebtheit zu erfreuen.

Die Versuchsperson, die ihren Titel hier wahrhaft zu Recht trägt, kann geschmeichelt zur Kenntnis nehmen, daß sie nicht nur dem eigenen Fortkommen, sondern zugleich auch dem Fortschritt der Forschung dient, wenn sie sich um Deutung der abgebildeten Hände bemüht; doch sollte sie überm wissenschaftlichen Hochgefühl nicht die eigenen Interessen vernachlässigen. Sinn des Testverfahrens ist es, die direkte körperliche Aggressionsneigung des Probanden zu ermitteln. Wer hier schlecht abschneidet, kann höchstens als Preisboxer oder Rausschmeißer eine erfolgreiche Bewerbung erhoffen.

Jedes Foto wird einzeln gezeigt, und es gilt, für jede Geste die passende Tätigkeit zu nennen. «Was tut diese Hand gerade?» lautet die Testfrage. Dahinter steht die Vermutung, die Testperson werde Handlungen, die für ihr eigenes Verhalten charakteristisch sind, auch besonders häufig den Bildern zuordnen. Diese Theorie wird durch vergleichende Untersuchungen bei Straftätern, Neurotikern und «Normalen» gestützt, wobei die Straftäter mit Gewaltverbrechen auch einen hohen Anteil gewalttätiger Bilddeutungen lieferten.

Als gewinnende Persönlichkeit und aufstrebende Führungskraft wird man sich vor brutalen Gesten hüten; der Bedeutungskatalog des Handtests rechnet allerdings auch «Fliegen fangen» oder «jemanden an den Haaren ziehen» als aggressive Handlung. Zwei oder drei solcher Deutungen kann man sich aber durchaus erlauben. Wer nie und nirgends Gewalt vermutet, selbst bei geballter Faust noch milde Erklärungen anbietet, dem fehlt es an Durchsetzungskraft, der taugt schlecht zum künftigen Vorgesetzten.

Ichstärke und Energie beweist man auch, wenn man einige Handbewegungen mit Herrschaftsaufgaben in Verbindung bringt, etwa einen Dirigenten, einen Polizisten bei der Verkehrsregelung oder einen Sportlehrer vermutet; doch nicht zuviel des Guten: übermäßiges Selbstgefühl ist verdächtig.

Besonders günstig fürs Charakterbild sind sachbezogene Handbewegungen, etwa Briefe schreiben, Arbeitsvorgänge, sportliche Aktivität oder hilfreiche Taten, wie «jemandem den Weg zeigen», oder etwas erklären. Auch zärtliche Gesten, die streicheln, beschützen oder beruhigen, lassen den Probanden kontaktfreudig und rücksichtsvoll erscheinen.

Die Vorstellungskraft eines vorwärtsstrebenden und erfolgsorientierten Bewerbers hat natürlich keinen Raum für Sterbende, Kranke, Bettler oder Gespenster. Läßt sich keine aufbauende und menschenfreundliche Tätigkeit für die jeweilige Hand ersinnen, so mag sie entspannt im Schlaf oder in der Sonne liegen; aber nicht zu oft. Erholung ist gut, Tatkraft ist besser.

Zwar soll der Foto-Hand-Test nach dem bisherigen Forschungsstand nur die Aggressivität messen. Doch steht es jedem Testleiter frei, zusätzliche Deutungen in das Material hineinzulegen. So bemüht sich die aufgeklärte Versuchsperson am besten bei jedem Bild um handgreifliche Hinweise, daß ihre Persönlichkeit der eines zukünftigen Managers entspricht: Jede Bewegung sei nützlich, hilfreich, kraftvoll und teamfähig.

9. Das dicke Ende

Die einfachste Methode, einen Kandidaten aufs Glatteis zu locken, wurde schon vor 80 Jahren von dem deutschen Wissenschaftler Ebbinghaus in die Psychologie eingeführt. Er ließ angefangene Sätze zu Ende sagen, um Hinweise auf Intelligenz und Charakter seiner Patienten zu erhalten. Seitdem wird dies Verfahren vielfach abgewandelt; besonders erfolgreich hat man es auch zur Auslese von Spezialtruppen der amerikanischen Armee im Zweiten Weltkrieg benutzt. Es bildet die Grundlage standardisierter Tests, doch werden auch häufig selbstgebastelte Formen angewandt, die sich den jeweiligen Erfordernissen des Auslesezwecks anpassen.

Die Satzergänzung gilt unter den projektiven Testmethoden als die gültigste, soweit sie Anpassung und soziale Wahrnehmung mißt (vgl. Bernard Murstein, *Handbook of Projective Techniques*, New York 1965, Seite 777ff). Angeblich kann die Testperson nicht umhin, ihre innere Einstellung preiszugeben, wenn sie einen angefangenen Satz wie «Alle Menschen sind . . .» oder «Meine größte Sorge . . .» zu Ende führen soll, dies um so mehr, als in der Anweisung oft nach den «wahren Gefühlen» gefragt wird.

«In ungehemmter Antwort auf Satzanfänge enthüllt der Proband ahnungslos in wahres Selbst, denn er kann auf keine Weise voraussehen, welche Bedeutung seine Antworten für das Studium seiner Persönlichkeit haben.»
A. Rohde, «Explorations in Personality», in *Journal appl. Psychology*, 30 (1946), Seite 170.

Eine gewisse Befürchtung, daß man sich hier enthüllen soll, mag freilich doch aufkommen, wenn ein Bewerber mit einer ganzen Reihe solcher Satzanfänge konfrontiert wird. So enthält etwa der Satzergänzungstest von Professor Ockert 60 Sätze, der amerikanische Rotter Incomplete Sentences Blank umfaßt deren 40; andere Verfahren bewegen sich in ähnlicher Größenordnung und warnen allein durch ihren Umfang davor, sie auf die leichte Schulter zu nehmen. Gefährlich sind einzelne in die Testbatterie eingestreute Sätze, deren Ernstcharakter leichter übersehen wird. Für alle gilt das gleiche Prinzip: Sie sollen dem Probanden unbewußte Bekenntnisse über tiefsitzende Einstellungen entlocken.

Bei der Auswertung mißt man die Anpassung, die Kontaktfreude, die verdeckten Konflikte usw., die in der zweiten Satzhälfte zum Ausdruck kommen. Die aufgeklärte Versuchsperson wird also darauf achten, menschenfeindliche Empfindungen, schmerzhafte Erinnerungen oder ausgefallene Wünsche aus ihrem Bewußtsein zu verdrängen, bis sie das Formular ausgefüllt hat. Auch Sorgen und Ängste werden besser vertrieben; ein ausgeglichener, optimistischer und arbeitsfroher Mensch greift zum Bleistift und führt selbst unheilschwangere Satzanfänge zum guten banalen Ende.

«Ich fürchte . . . weder Widerstand noch Konkurrenz.»

«Wenn ich nachts nicht schlafen kann . . . lese ich ein paar Seiten, das genügt.»

«Fremde Menschen . . . können rasch gute Bekannte werden.»

Nach den Regeln projektiver Theorie muß die unbestimmte Drohung solcher Anfänge dazu führen, daß man tiefe Ängste hervorholt, wenn man welche hat. Andere Fragen zielen geschickt auf sexuelle Enthüllungen und sollten ähnlich sorglos beantwortet werden.

«Junge Mädchen . . . sind nett angezogen.»

«Ich liebe . . . meine Familie.»

«Die Sex-Welle . . . wird vorbeigehen.»

Verborgene Schichten werden angeblich aufgewühlt, wenn man von der eigenen Kindheit sprechen muß. Frühe Entbehrungen können den Charakter verbiegen; heftige Konflikte mit dem Vater stören später den Betriebsfrieden; eine allzu innige Beziehung zur Mutter macht schlapp – solche und ähnliche Vermutungen spielen bei der Auswertung des Tests eine Rolle. Der gewitzte Bewerber tut gut daran, sich vorrangig an die Fußballspiele, Apfelkuchen oder Schulerfolge seiner Jugend zu erinnern. Wenn negative Rückblicke nicht zu vermeiden sind, greife man auf unverschuldete Äußerlichkeiten zurück.

«Meine schlimmste Erinnerung . . . als ich mit gebrochenem Arm im Krankenhaus lag.»

«Mein größter Fehler . . . . daß ich vor zwei Jahren mit Tennisspielen aufgehört habe.»

Der Satzergänzungstest ist in Deutschland nicht genormt, es liegt auch kein verbindliches Auswertungssystem vor, doch kann man sich darauf verlassen, daß die Antworten nach folgenden Gesichtspunkten eingestuft werden: positive Grundhaltung gegen andere, gegen sich selbst, Durchsetzungsvermögen, gesunde Sexualität und eine Arbeitsmoral, die an Leistung und Erfolg orientiert ist. Eine amerikanische Variante, die auch von deutschen Personalberatern gelegentlich kopiert wird, sieht eine siebenstufige Konfliktskala für jede Antwort vor. So wird etwa die Satzergänzung für «Leute . . .» folgendermaßen gewertet:

		Konfliktgrad
«Leute	. . . sind böse, verstehen mich nicht, stören	6
	. . . ärgern mich, machen alles kaputt	5
	. . . sind nicht nett genug, könnten besser sein	4
	. . . sind mal so, mal so, sind komisch	3
	. . . sind interessant, können nett sein	2
	. . . sind nett, gefallen mir	1
	. . . sind fabelhaft, werden immer besser.»	0

Es ist natürlich günstig, einen geringen Konfliktgrad aufzuweisen; doch auch hier muß man sich vor Übertreibung hüten: Ein gesunder Durchschnitt liegt zwischen 2 und 3, ein besonders freundlicher und konfliktfreier Mitbürger mag im Gesamtergebnis zwischen 1 und 2 landen, wer aber den ganzen Test mit null Konfliktstoff besteht, kommt in den Verdacht, seine Aggressionen zu verdrängen oder ein unverschämter Lügner zu sein.

Um Fälschungen zu erschweren, wird der Test manchmal in die dritte Person «übersetzt». Dann lauten die Satzanfänge etwa: *«Wenn Herr Meier an seine Jugend denkt, fällt ihm ein . . .»* oder: *«Anna ist unglücklich, weil . . .»* Dieser Trick soll den Probanden zu sorgloser Offenheit verleiten, weiß er doch nicht, daß alles, was er über Dritte aussagt, als Projektion des eigenen Wesens gedeutet wird. So empfiehlt es sich, Annas Unglück auf einen unverschuldeten und harmlosen Vorfall zu schieben, etwa «weil ihr Bräutigam zur Bundeswehr geht»; und wenn Herr Meier an seine Jugend denkt, dann fällt ihm tunlichst ein, daß heute alles viel besser ist.

Zum Glück sind kleine Albernheiten in diesem Test erlaubt. Die Forscher haben herausgefunden, daß gesunde, angepaßte, erfolgversprechende Versuchspersonen häufiger spaßige oder banale Antworten geben als etwa Neurotiker, die sich selbst sehr ernst nehmen und an ihren Sätzen feilen. *«Mich ärgert . . . wenn einer die Zahnpasta in der Mitte drückt»* gilt als positive Ergänzung, während *«Mich ärgert . . . das schreckliche Unrecht, das in der ganzen Welt geschieht»* recht negativ vermerkt wird. Wer den Test erfolgreich bestehen will, meidet alle Hinweise auf Krankheiten, Sorgen, Schuldgefühle, eheliche oder berufliche Streitigkeiten.

Auf Fangfragen wie *«Mein früherer Chef war . . .»* oder *«Die meisten Kollegen . . .»* reagiert man mit respektvoller Liebenswürdigkeit. Selbst wenn man Grund hat, die Mitbürger für Gauner und Narren zu halten: Dies ist nicht der Ort, es mitzuteilen. Falls negative Gefühle sich gar nicht vermeiden lassen, weil der Satzbeginn *«Ich hasse . . .»* oder *«Ich fürchte . . .»* heißt, dann sagt man entweder «nichts» oder weicht auf unpersönliche Mißstände wie «Dauerregen», «Steuererhöhung», «Verkehrsstauung» aus. Man darf sich kurz halten; denn im Gegensatz zu anderen Tests, wo Ausführlichkeit unter Umständen als kreativ bewertet wird, bringt knappe Form bei der Satzergänzung Pluspunkte ein: Sie beweist Entscheidungskraft und praktische Sachlichkeit.

«Persönlichkeitstests sind . . . komisch.»

10. Der kunterbunte Charakter

Von der roten Liebe, vom ewiggrünen Kleid der Hoffnung und vom schwarzen Tod ist schon im Volkslied die Rede. Wer graue Kostüme trägt, gilt als Konformist, Blau ist die Treue und Lila der letzte Versuch. Bei soviel überlieferter Lebensweisheit ist es kein Wunder, daß man das Wesen des Menschen aus seiner Lieblingsfarbe zu bestimmen versucht. Hier greift der Lüscher-Test Platz, der sich in Europa weiter Verbreitung – wenn auch beschränkter wissenschaftlicher Beachtung – erfreut.

Von einem leibhaftigen Professor entworfen, wird er mit Vorliebe von Laien angewandt, weil er so ungeheuer einleuchtend ist. Er hüllt die gängigen Vorurteile ins Gewand der Wissenschaft und erlaubt im praktischen Schnellverfahren, Leib und Seele des Mitbürgers zu durchleuchten. Professor Max Lüscher, der sich inzwischen von der Forschung abgewandt und in den Dienst der Werbe- und Verpackungsindustrie begeben hat, verpackt seinen Test in kühne Verheißungen: Den Ärzten verspricht er, Herzschäden, Magenleiden und Gehirnstörungen mit Hilfe des Farbtests frühzeitig erkennen zu können. Eheberater, Personalleiter und Pädagogen dürfen hoffen, daß sie bei ihrer Klientel «bezeichnende Strukturen der Persönlichkeit» aufdecken können, und selbst der Kriminologe kann durch Farbe das wahre Wesen des Verbrechers entlarven. Als entscheidender Vorteil des Verfahrens wird die «einfache Anwendung» gerühmt.

Flink und einfach ist auch die Begründung für die Farbtheorie des Professors. «Die Vorliebe für eine Farbe und die Ablehnung einer andern hat eine bestimmte Bedeutung: die Farbwahl spiegelt den seelischen Zustand genau wider.» (Max Lüscher, *Der Lüscher-Test*, Reinbek 1971, S. 21) Ein kühner Schluß vom Banalen aufs Tiefgründige: daß Farben irgend etwas zu bedeuten haben, wird keiner bezweifeln – bis zur «genauen Widerspiegelung» eines so ungenauen Begriffs wie «seelischer Zustand» ist es freilich ein weiter Schritt.

«Der Test ist anziehend, läßt sich schnell durchführen und die Testpersonen sehen nicht ein, ‹warum sie sich etwas vergeben, wenn sie Farben aussuchen›. Möglicherweise würden sie ihre Meinung revidieren, wenn sie wüßten, wie enthüllend der Test tatsächlich ist.»
Max Lüscher, *Der Lüscher-Test*, Reinbek 1971, Seite 21.

Wer sich also eines Tages mit einer Handvoll bunter Farbtäfelchen konfrontiert sieht und aufgefordert wird, sie nach Neigung zu sortieren – der darf vermuten, daß er «enthüllt» werden soll. Um dieser Absicht entgegenzuwirken, gilt es zunächst, das Wesen der Farben im Lüscherschen Gedankengebäude zu verstehen. Das ist ziemlich leicht, denn der Forscher bezieht sich auf schlichte urmenschliche Erkenntnisse. Da ist z. B. der allgemein bekannte Unterschied zwischen Tag und Nacht: Nachts ist der Himmel dunkelblau, und der Mensch ruht sich aus (oder liebt). Tags scheint die muntere gelbe Sonne, und der Mensch wird aktiv und hoffnungsvoll gestimmt. Ganz klar also: Blau ist das Gemüt und Gelb die Erwartung. Doch es gibt noch mehr zu lernen: Beide Farben sind durch die Umwelt hervorgerufen, also fremdbestimmt; wer dieses Paar zu Lieblingsfarben wählt, dem mag es an eigener Willenskraft mangeln.

Nicht nur vom Himmelszelt leitet Professor Lüscher den wahren

Wert der Farben her, auch der einfache Urmensch dient ihm als Quelle der Erkenntnis: «Für den Primitiven nahm Aktivität in der Regel zwei Formen an: entweder jagte er oder griff an, oder er wurde gejagt und mußte sich gegen Angriffe verteidigen. Die Aktivität diente zur Eroberung und Bereicherung oder zur Selbsterhaltung. Die Aktionen Angriff und Eroberung werden durch die Farbe Rot repräsentiert, Selbstbehauptung durch die Farbe Grün.»

Die beiden Farben gelten als autonom; wer sie bevorzugt, betont Selbstbestimmung und Initiative. Kein Zweifel, daß jede junge Führungskraft, jeder zielbewußte Bewerber, überhaupt jeder, der es zu etwas bringen will, diese beiden zu Lieblingsfarben wählt. So schnell ist der Lüscher-Test freilich nicht beendet. Neben den vier Grundfarben, die «fundamentale psychische Bedürfnisse repräsentieren», sind auch die Modifikationsfarben zu berücksichtigen: Violett, Braun, Schwarz und Grau. Alle acht Farben müssen in der Reihenfolge der ihnen gebührenden Sympathie sortiert werden, und jeder Rangplatz hat seine Bedeutung.

Die Lieblingsfarbe und auch die an zweiter Stelle gewählte verraten die Mittel und Ziele, nach denen die Testperson strebt. Die Farben an dritter und vierter Stelle verraten das augenblickliche Befinden; an fünfter und sechster Stelle entdeckt man, welche Eigenschaften dem Probanden fehlen, und am Schluß läßt sich feststellen, welche Farben dem Wählenden wahrhaft unsympathisch sind, welche Bedürfnisse also von ihm bekämpft oder unterdrückt werden.

Wer die Farbtäfelchen des Lüscher-Tests nach Sympathie sortiert, verrät damit seine inneren Strebungen. Auch hier, wie bei den meisten Persönlichkeitstests, sind die negativen Möglichkeiten sehr viel häufiger als die positiven. Ganz ungeschoren kommt keiner, der sich dem Test anvertraut, von dannen; gewiß ein gerechtes Verfahren, denn keiner von uns ist ganz ohne Fehl. Immerhin kann das verständliche Bedürfnis, relativ gut abzuschneiden, durch sorgfältige Zuordnung von Farbbedeutung und Rangplatz befriedigt werden.

Die Bedeutung der trüben Modifikationsfarben ist – wie zu erwarten – schlecht. Das leblose Grau wird nur von Leuten geschätzt, die völlig neutral und empfindungslos wirken. Braun ist die Farbe der Faulpelze, es entspricht einem starken Bedürfnis nach «Erholung durch Behaglichkeit» und darf allenfalls nach schwerer Krankheit vorgezogen werden. Schwarz «drückt die Idee des Nichts aus», deutet auf trotzigen Protest. Nur Anarchisten und ähnlich üble Burschen können sich für Schwarz entflammen.

Ein wenig besser ist Violett, eine magische Farbe, die von Negern, schwangeren Frauen und Homosexuellen bevorzugt wird und auf hochsensible sinnliche Züge schließen läßt. Ein gesunder, strebsamer Mensch, der die Welt erobern will, wird keine der vier Modifikationsfarben sympathisch finden. Allenfalls bei sehr kreativen Berufswünschen, etwa in der Modebranche oder als Chefzauberer, könnte Violett an dritter oder vierter Stelle in Frage kommen.

Normalerweise gebühren die ersten vier Plätze der Sympathiereihe den Grundfarben, und zwar sollten Rot (Aktivität) und Grün (Behauptungswille) vornan stehen. An dritter und vierter Stelle sind Blau (Gemüt) und Gelb (Veränderungsbedürfnis) zu empfehlen. So erweckt man den Eindruck eines zielstrebigen, fleißigen Menschen, der sich in erster Linie am Erfolg orientiert, aber auch recht gemütvoll und an harmonischen Kontakten interessiert ist. Will man allerdings nicht ganz so energisch wirken, sondern eher konziliant und trotzdem tüchtig, dann kann man Blau und Grün vertauschen. Andere Kombinationen sind auf den ersten vier Plätzen kaum zu empfehlen.

Angesichts der Eigenschaften, die Professor Lüscher den sogenannten Modifikationsfarben zuschreibt – Bequemlichkeit, Neutralität, Mystizismus und trotziger Protest –, wird jede aufgeklärte Versuchsperson diese nur auf den negativen Plätzen nennen. Wer Schwarz am allerschlimmsten findet, gibt zu erkennen, daß er der eigenen Meinung vertraut und sich durchsetzen kann. An fünfter und sechster Stelle sind Grau und Braun besonders zu empfehlen: Diese Kombination läßt glauben, daß der Proband ein unkompliziertes befriedigendes Privatleben hat. So bleibt schließlich Violett für den siebenten Platz: ein Hinweis auf sensible Feinfühligkeit, die angesichts der sonst so energischen Charakterstruktur dieses Idealbildes nichts schaden kann. Wer sich diese Reihenfolge: Rot–Grün–Gelb–Blau–Braun–Grau–Violett–Schwarz einprägt, kann dem Farbtest gelassen entgegensehen. Verwirrung kann höchstens entstehen, wenn man die Farben tatsächlich nach Neigung zu ordnen versucht. Das Lüschersche Grün z. B. ist recht unfroh und mag sensible Probanden abschrecken, es an zweitliebster Stelle zu nennen. Doch hier nützt keine falsche Sentimentalität: Grün ist Selbstbehauptung und muß nach vorn!

Nachdenkliche Leser werden vielleicht von Sorge befallen, weil ihre ehrliche Farbwahl so gar nicht mit der hier empfohlenen übereinstimmt! Sie mögen sich daran erinnern, daß schon Goethe die «sinnlich-sittliche Wirkung der Farbe» hervorhob, daß verschiedene Farbtests sich wissenschaftlicher Anerkennung erfreuen, und mögen befürchten, daß es vielleicht doch etwas Schlimmes zu bedeuten hat, wenn sie Rot nicht leiden können oder Violett zur Lieblingsfarbe wählen würden. Doch solche Ängste sind nicht begründet. Die Bedeutung der Farbwahl für die Persönlichkeit ist allenfalls statistisch, keineswegs aber im Einzelfall abgesichert. Das heißt praktisch: 15 Prozent der 5300 Versuchspersonen, die Professor Lüscher für seinen Test untersuchte, haben Violett an erster Stelle gewählt, also über 500 Leute. Die waren natürlich nicht allesamt hypersensibel, homosexuell oder sonstwie seltsam, sondern nur in etwas höherem Maß als etwa die Freunde der Grundfarben. Jeder einzelne, dem Violett gefällt, kann trotzdem stinknormal sein, und sollte sich einem Test, der Einzelschicksale nach statistischen Regeln vorhersagen will, guten Gewissens und notfalls durch Manipulation entziehen.

11. Das schicksalhafte Böse

Die dunklen Kräfte des Schicksals, die schon vor unserer Geburt unsere Bahnen lenken, sind – falls es sie überhaupt gibt – im allgemeinen unsichtbar und daher auch kaum zum Gegenstand akademischer Forschung gemacht worden. Der ungarische Psychiater Lipot Szondi hatte den Mut, diese Lücke mit einem «schicksalsanalytischen» Bilder-Test zu füllen, der so abenteuerlich ist, daß ihn keiner glauben würde, wenn er nicht wirklich in mehreren Lehrbüchern nachzulesen wäre. Zwar wird er dort meist aufgeführt, um ihn zu tadeln, vor seiner Benutzung zu warnen (Richard Meili, *Lehrbuch der psychologischen Diagnostik*, Bern 1965, S. 223ff) oder darauf hinzuweisen, «daß seine theoretische Begründung besonders schwach und irreführend ist. Die Versuche empirischer Nachprüfung ergaben durchweg negative Resultate». (Anne Anastasi, *Psychological Testing*, New York 1959, S. 609)

«Die Bestimmtheit, mit der manche spekulativen Trieblehren auftreten, steht in gar keinem Verhältnis zu dem Ausmaß des im Augenblick vorhandenen Wissens; Szondis ungemein phantasievolles System der Schicksals- und Triebkreise belegt diese bedauerliche Erscheinung zur Zeit wohl am besten.»
Peter Hofstätter, *Psychologie*, Frankfurt 1971, Seite 53.

Doch scheint die kritische Expertenmeinung durchaus nicht alle Personalberater und Betriebspsychologen zu schrecken. Sie bedienen sich unverzagt der umstrittenen Technik, die ganz besonders tiefe Einblicke ins Unbewußte anbietet. Der Zugang zu diesen Abgründen eröffnet sich durch eine Sammlung altmodischer Porträtfotos. Jeweils acht Bilder werden dem Probanden vorgelegt mit der Aufforderung, die beiden angenehmsten und die beiden unangenehmsten Gesichter auszuwählen. Der Vorgang wird mit mehreren Bildserien wiederholt, bis schließlich zwölf «sympathische» und zwölf «unsympathische» Fotos ausgewählt sind. Dem Probanden ist oft unbehaglich dabei zumute, und das mit Recht: denn es handelt sich bei den abgebildeten Personen um «typische» Geisteskranke und Verbrecher. Die Wahl soll enthüllen, zu welchen Triebbedürfnissen man sich auf Grund «unbewußter Erbanlagen» hingezogen fühlt.

Acht gleichermaßen unangenehme Möglichkeiten stehen dem Bewerber offen: Homosexualität, Sadismus, Epilepsie, Hysterie, katatone Schizophrenie, paranoide Schizophrenie, Melancholie und Manie. Wer mehr als vier Personen aus einer dieser Gruppen gewählt hat, trägt diesen Faktor latent in sich und drängt danach, ihn zu befriedigen. Diese Erkenntnisse des Dr. Szondi beruhen auf dem weltanschaulichen Gebäude der «Schicksalsanalyse», das er am Rande der Tiefenpsychologie ohne wissenschaftliche Absicherung freihändig errichtet hat. Es handelt sich – in verkürzter Darstellung – um die These, daß kriminelle und geisteskranke Anlagen in jeder Familie vorhanden sind, daß dies «verborgene Erbgut» verdrängt wurde, jedoch in Partnerwahl, Freundschaft und Berufswahl wieder zum Vorschein kommt.

«Schau dir die triebhaften Wahlen eines Menschen an, und du wirst wissen, von wem er stammt, wer er ist und welches Schicksal seiner harrt.»
Lipot Szondi, *Schicksalsanalyse* Bd 1, Bern 1948, Seite 24.

Eine solche «triebhafte Wahl» soll auch beim Szondi-Test stattfinden, denn die Testperson fühlt sich – nach Ansicht des Verfassers – auf Grund ihres schlummernden Erbgutes zu bestimmten Irren oder Missetätern hingezogen. Dabei wird auch die Ablehnung als verdecktes Bedürfnis gewertet. Der Testleiter kann nun auf Grund der ausgesuchten Bilder errechnen, welche Triebe im Busen der Versuchsperson schlummern, und stellt anhand ausführlicher Tabellen fest, mit welchem Schicksal in Ehe und Beruf zu rechnen ist. Dabei ist wenig Gutes zu erwarten: Jeder der acht Triebfaktoren deutet auf künftiges Unheil. Zwar hat Dr. Szondi für jeden möglichen Fall die passenden Berufszweige herausgearbeitet, in denen jeweils Erfolg und Befriedigung zu suchen seien, doch unfaßt die Liste kaum erstrebenswerte Tätigkeiten. Wer etwa verborgene paranoide Triebe in sich hat, der kann nur «Erfinder, Dichter, Missionar, berufsmäßiger Kartenspieler oder Gesellschaftsumstürzler» werden; für weibliche Versuchspersonen dieser Richtung bleibt nur eine Karriere als «Angestellte in zweifelhaften Lokalen». Männer mit sadistischem Erbgut sollen sich als Metzger, Chirurg, Scharfrichter, Fuhrmann oder Grabsteinerzeuger bewähren; dem latent Homosexuellen wird eine Laufbahn als Friseur, Zuckerbäkker, Gynäkologe oder Spion empfohlen, während ähnlich geartete Frauen sich zur Turnlehrerin oder Briefträgerin eignen.

Die Empfehlungen des Dr. Szondi sind eine fesselnde Lektüre: Er berichtet in ausführlichen Falldarstellungen aus seinem Patienten- und Freundeskreis, wo all diese ausgefallenen Berufe häufig vertreten waren, und deckt deren verdeckten Zusammenhang mit abartigen und lasterhaften Vorfahren auf. «Aus dem Stromkreis der Ahnen kann man sich nicht gewollt herausschalten.» (Lipot Szondi, a. a. O., S. 24)

Der phantasievolle Ungar ist inzwischen verstorben, doch seine Botschaft ist noch immer lebendig. So unwahrscheinlich es klingen mag: Dieser Test wird tatsächlich als «wissenschaftlich gesichertes, objektives Verfahren» zur Personalauslese benutzt und vom Institut für Personalberatung in Köln sogar öffentlich gelobt, weil er angeblich die «wichtigsten Charakterstrukturen» aufdeckt: «Daher ist nach Abschluß des Tests recht genau bekannt, wie zuverlässig die Steuerrungsfunktionen des Bewerbers sind. So etwa erfährt man, ob er des öfteren im Lauf des Tages in ‹Dämmerzustände› gerät, ob er sich allzustark von anderen beobachtet oder schlecht behandelt fühlt, ob er bereit ist, Fehler und Wissenslücken durch Lernen auszugleichen usw. . . . Selbst so abgelegene Tendenzen wie Sucht oder gewohnheitsmäßige Niedergeschlagenheit werden mit Genauigkeit berechnet.» (Detlev Hayne, «Personalpolitik» in *Der Arbeitgeber* 2 [1969], S. 62)

Wer solche Berechnungen nicht gern an sich vornehmen läßt, befindet sich hier in einer schwierigen Lage. Selbst für aufgeklärte Bewerber ist der Szondi-Test nur schwer zu unterlaufen, da er kaum eine Möglichkeit bietet, als gewinnende Persönlichkeit davonzukommen. Die zugrunde liegende Theorie vom schicksalhaften Triebbedürfnis läßt keine wirklich glückliche Lösung zu. Zwar ist unter den angebotenen Geisteskrankheiten für einen aufstrebenden Nachwuchsmanager noch am ehesten die Manie zu empfehlen, in deren Schatten man laut Dr. Szondi zum Bankier, Firmendirektor, Abgeordneten oder Konzertbüroleiter geeignet ist, doch drohen gleichzeitig nachteilige Nebenerscheinungen wie Jähzorn und Größenwahn. Außerdem gibt es keine Anhaltspunkte, an denen sich die Testbilder der manischen Personen erkennen lassen.

Selbst gelernten Psychiatern gelingt es kaum, die Bildvorlagen nach Krankheit zu sortieren, denn auch diese Voraussetzung des Tests – daß Triebkranke am Gesicht zu unterscheiden seien – ist völlig unbegründet. So bleibt dem beklagenswerten Probanden, der möglichst unverfängliche Bilder auswählen möchte, auch kaum die Chance, alle acht Abarten gleichmäßig zu berücksichtigen und damit keine zu bevorzugen – ein Ausweg, der theoretisch verlockend, aber praktisch kaum zu treffen ist.

Das einzige Hintertürchen, daß dem Szondi-Opfer offensteht, ist die verdeckte Weigerung: Der Proband mag alle Bilder gewissenhaft prüfen, die Stirne runzeln und schließlich achselzuckend feststellen, daß er alle gleichmäßig unsympathisch findet. Wenn er sich beim besten Willen zu keiner Wahl entscheiden kann, wird er vielleicht als starrsinnig oder ängstlich eingestuft, doch kann man ihn auf kein schlimmes Triebschicksal festlegen.

Aus ethischen und taktischen Gründen kann hier auch die offene

Weigerung empfohlen werden. Der Szondi-Test ist ein Musterbeispiel für unverantwortliche Testpraxis im Personalbereich. Selbst wenn er wissenschaftlich begründet wäre, hätte er im Berufs- und Arbeitszusammenhang keinen Platz, da er ganz offensichtlich gegen die Menschenwürde verstößt und die Intimsphäre verletzt. Die Auswertung befaßt sich durchweg mit kriminellen und sexuellen Abartigkeiten, außerdem mit Herkunft und Abstammung des Bewerbers: Bereiche, die weder den Arbeitgeber noch seine Beauftragten etwas angehen. Obendrein wird der Test von allen namhaften Psychodiagnostikern als Ausleseinstrument abgelehnt, teilweise sogar für gefährlich gehalten. Selbst die Anhänger des Szondi-Tests warnen vor leichtfertiger Benutzung: «Da er mit Konzepten umgeht, die ursprünglich aus der Psychopathologie stammen, ist die Gefahr der Fehlinterpretation auf Grund oberflächlicher Erkenntnis größer als bei irgendeinem anderen Persönlichkeitstest.» (Susan Deri in *Third Mental Measurement Yearbook*, New Brunswick 1949, S. 103)

Der Hinweis auf diese unverdächtigen Zeugen sollte es selbst in schwierigen Bewerbungssituationen möglich machen, die Teilnahme am Szondi-Test einfach abzulehnen.

12. Der Riese aus Minnesota

Zwei Säulen ragen aus dem Gewimmel der vielen hundert Persönlichkeitstest hervor – Denkmäler des psychodiagnostischen Fleißes, die ihre Bedeutung an Verkaufsziffern und an der Zahl der ihnen gewidmeten Forschungsarbeiten messen. Hüben der tiefgründige Rorschach als Bollwerk der Projektiven Schule, drüben der sachliche MMPI als Muster eines empirisch konstruierten Fragebogens. Jahr für Jahr wird der Wettstreit unter den Anhängern der beiden Mammutwerke ausgetragen, welche Richtung mehr gelehrte Veröffentlichungen hervorgebracht hat. Zur Zeit liegt der MMPI mit über 2000 Aufsätzen um eine knappe Pferdelänge zurück.

Minnesota Multiphasic Personality Inventory (Minnesota Mehrstufiges Persönlichkeits-Inventar) – der volle Name verrät das Ursprungs- und zugleich dichteste Verbreitungsgebiet des Fragebogens; doch wächst seine Bedeutung in Europa im gleichen Tempo, wie modern ausgebildete Psychologen die Universitäten verlassen. Das Gütesiegel amerikanischer Psychotechnik verspricht praktische Erfolge; die großen multinationalen Konzerne verwenden ähnliche Testmethoden: So hat sich der MMPI auch in der deutschen Industrie, beim Arbeitsamt, bei Kirche und Behörden weithin durchgesetzt. Die heftige Kontroverse, die vor zehn Jahren in den USA um diesen Test entbrannte (siehe Seite 22ff), ist leider nicht über den großen Teich gekommen. In deutschen Lehrbüchern werden zwar einige wissenschaftliche Mängel des Verfahrens erwähnt; von ethischen Bedenken ist nirgends die Rede.

«Ein Test wie der MMPI sucht wahrscheinlich am besten jene Personen aus, die Lust und Fähigkeit zum oberflächlichen Lügen in sozial angemessener Weise entwickeln.»
Karl Ulrich Schmidt vor dem Untersuchungsausschuß des US-Kongresses 1965 (abgedruckt in: «Congressional Inquiry into Testing» in *American Psychologist* 20 [1965], S. 859).

Es lohnt sich, den gefährlichen Riesen aus Minnesota genau zu studieren, denn viele andere Fragebogen sind nach der gleichen Methode konstruiert, nur kürzer, und auch die Fragen kehren wörtlich oder abgewandelt anderswo wieder. So kann der Bewerber, der sich mit dem MMPI vertraut gemacht hat, auch anderen Verfahren gefaßt ins Auge sehen.

Schon der Anblick des Mammut-Inventars ist geeignet, Furcht und Schrecken zu erwecken, denn es enthält 560 Fragen, die mit «stimmt», «stimmt nicht» oder «zweifelhaft» zu beantworten sind. Darunter finden sich so abenteuerliche Behauptungen wie: *«Ich bin ein besonderer Sendbote Gottes»*, *«Meine Seele verläßt manchmal meinen Körper»* oder *«Manchmal bin ich von bösen Geistern besessen»*, die einen sensiblen Probanden sehr verschüchtern können: Will man ihn etwa zur Aufnahme ins Irrenhaus testen?

Diese Vermutung ist gar nicht so abwegig, denn tatsächlich wurde der MMPI in der psychiatrischen Heilanstalt von Minnesota ersonnen, um die verschiedenen Geisteskranken besser voneinander trennen zu können. Der lange Fragebogen, der auf einer Liste pathologischer Symptome beruht, wurde auch an einer Kontrollgruppe von 700 normalen Krankenhausbesuchern erprobt. Es wurden nur diejenigen Fragen in die endgültige Fassung aufgenommen, die von beiden Gruppen in der Mehrzahl unterschiedlich beantwortet wurden, die also eine deutliche Trennung zwischen gesunden und geistesgestörten Personen erlauben. Jede halbwegs intelligente Testperson wird diese Fallen leicht vermeiden und kaum in Versuchung kommen, den abartigsten Sätzen zuzustimmen.

«Ich glaube, ich bin ein verdammter Mensch.»
«Manchmal höre ich Stimmen.»
«Ich höre seltsame Dinge, wenn ich allein bin.»
«Man hat mir gesagt, daß ich schlafwandle.»
«Manchmal kommen mir seltsame Gerüche.»
«Alles schmeckt gleich.»

Diese Fragen sind schon recht befremdend, doch enthält der MMPI noch ganz andere Delikatessen. Sechs Fragen befassen sich mit Verdauungsvorgängen, die man im allgemeinen nicht mit seinem Arbeitgeber besprechen möchte, wie etwa:

«Einmal oder mehrmals im Monat habe ich Durchfall.»
«Ich habe keine Schwierigkeiten, Stuhl zu lassen oder Stuhl zu halten.»
«Ich muß öfter als andere Wasser lassen.»

Mit gleichem Feingefühl bohrt sich der Fragebogen auch ins Liebesleben des Probanden:

«Ich hatte niemals Unannehmlichkeiten wegen meines sexuellen Verhaltens.»
«Mein Sexualleben ist zufriedenstellend.»
«Ich fühle mich sehr stark von Personen meines eigenen Geschlechts angezogen.»
«Ich träume viel von sexuellen Dingen.»
«Mit meinen Geschlechtsorganen ist etwas nicht in Ordnung.»

Natürlich sind diese und ähnliche Fragen eine Unverschämtheit. Kein Vorgesetzter, kein Personalchef würde wagen, sie mündlich im Einstellungsgespräch zu stellen, und kein vernünftiger Bewerber würde sie beantworten. Doch weil sie auf dem Testbogen gedruckt und im Dunstkreis der Wissenschaft ausgebrütet wurden, kann man sie offenbar Männern und Frauen, Familienvätern und jungen Mädchen zumuten, ohne sich zu schämen. Wer sich beim Testleiter beschwert, riskiert mit überlegenem Lächeln abgefertigt zu werden: Es komme ja gar nicht auf die einzelne Frage an, sondern auf das Gesamtprofil. Oft erfolgt auch der Hinweis, daß die Auswertung mechanisch vollzogen werde, der Testleiter also die individuellen Intimitäten gar nicht zur Kenntnis nehmen könne. Die Zudringlichkeit des Fragebogens wird dadurch freilich nicht aufgehoben. Wer es sich irgend leisten kann, sollte sich weigern, ihn auszufüllen. Man muß sich dabei gar nicht unbedingt auf die sexuellen Peinlichkeiten berufen, sondern kann sich etwa auf das religiöse Gewissen stützen. Die Seelenschnüffelei des MMPI macht selbst vor dem Jenseits nicht Halt und erwartet Auskünfte über das Maß an christlicher Frömmigkeit, die sonst nur der Beichtvater erfährt:

«Ich glaube an ein Leben nach dem Tode.»
«Ich glaube an die Wiederkunft Christi.»
«Ich bete mehrmals in der Woche.»

Gegen solche Fragen kann, soll und darf man sich zur Wehr setzen, wie auf Seite 28ff erklärt; doch in der Praxis ist das nicht immer möglich. Angesichts solcher zudringlicher und taktloser Fragebogen möchte mancher wütend den Bleistift hinwerfen und protestieren, aber der Partner fehlt, an dem die Wut auszulassen wäre. Der Bewerber sitzt mit seinem Formular meist allein in einer stillen Zelle oder in einer ganzen Prüflingsschar, die nur von einer Hilfskraft beaufsichtigt wird. Der zuständige Personalleiter hält sich vorsorglich fern. Oft werden die Testbogen auch von einer anonymen Firma bezogen, ausgefüllt in den Computer gefüttert und zu fertigen Charakterbildern verarbeitet, ohne daß der Prüfling je einen Verantwortlichen zu Gesicht oder Gelegenheit zu Protest bekommt. So tut er gut daran, sich nicht allein auf seinen Ärger, sondern auch aufs günstige Testergebnis zu konzentrieren.

Eine gewisse Kenntnis des Testaufbaus kann dazu helfen: Der MMPI will in erster Linie herausfinden, ob der Proband verrückt ist, und wenn ja, in welcher Weise.

Zu diesem Zweck werden die Antworten auf zehn Skalen verteilt, von denen jede einer Geisteskrankheit zugeordnet ist. Je höher der Punktwert auf einer Skala, desto bedenklicher der Krankheitsgrad. Die Behauptung der Psychologen, es gebe keine richtigen und falschen Antworten oder der einzelne Punkt spiele keine Rolle, erweist sich als völlig unwahr: Jede Antwort bringt einen Plus- oder Minuspunkt in einer der Kategorien, und ein hoher Punktwert ist in jeder der zehn Skalen ungünstig. Er wird zwar nicht gleich als Hinweis auf eine Geisteskrankheit gedeutet, aber doch als milde Vorstufe.

Der MMPI mißt folgende Persönlichkeitsmängel:

1. Hypochondrie, das heißt Wehleidigkeit, übertriebene Beschäftigung mit dem eigenen Körper

2. Depression, das heißt Interesselosigkeit, mangelndes Selbstvertrauen

3. Hysterie, das heißt fehlende Belastbarkeit, Tendenz, auf seelische Probleme mit körperlichen Symptomen zu reagieren

(Gemeinsam bestimmen diese drei Skalen den Neurotizismus-Grad des Probanden.)

4. Paranoia, d. h. Mißtrauen, Starrsinn, Verfolgungswahn

5. Psychasthenie, das heißt Konzentrationsschwäche, Entscheidungsschwierigkeiten, Zwangshandlungen

6. Schizophrenie, das heißt bizarre Denkweise, Kontaktarmut, unberechenbare Handlungen

(Diese drei Skalen dienen zur Feststellung von Psychosen.)

7. Psychopathie, das heißt Mißachtung sozialer Sitten, Trunksucht, Gemütsarmut

8. Hypomanie, das heißt hektischer Übereifer, Unzuverlässigkeit, wechselhafte Laune

9. Soziale Introversion, das heißt Unsicherheit, Kontaktscheu

10. Maskulinität, das heißt Abweichung von normalem Geschlechtsverhalten

Kein Zweifel, daß niemand sich freiwillig zu diesen Charakterzügen bekennen möchte. So haben die Erfinder des MMPI vorsorglich drei Kontrollskalen eingebaut, mit deren Hilfe Lügner und Böswillige ausgesondert werden sollen. Diese Hürde ist leicht zu umgehen, wie im nächsten Kapitel noch bewiesen werden soll; sie ist wohl mehr zur Einschüchterung der Versuchspersonen errichtet. Viele Psychotester, die ihre Methoden doch sonst so ängstlich geheimhalten, verweisen in der Öffentlichkeit gern auf diesen Test-Bestandteil und erwecken damit den Eindruck, ihre Röntgen-Augen könnten Lüge und Wahrheit untrüglich erkennen.

«Fragebogen können nach vielen Untersuchungen als relativ stark verfälschbar gelten. Es scheint, daß alle Korrekturen, wie sie z. B. auch für den MMPI geläufig sind, Flickwerk bleiben und Fehlervarianz nicht sicher ausschalten können.»
L. R. Schmidt, «Zur Frage der Verfälschbarkeit von objektiven Persönlichkeitstests im Vergleich zu Fragebogen» in *Psychologie und Praxis* (1972).

Keine Angst: der MMPI ist keine uneinnehmbare Festung, wenn man sich nicht von der aufgemalten Fratze, der Drohung mit der Lügenskala, schrecken läßt. Gerade die grobe Taktlosigkeit vieler Fragen macht es leicht, sie im sozial angepaßten Sinn zu beantworten. Wer sich die Grundregeln des gewitzten Bewerbers vor Augen hält, das Idealprofil eines erstrebenswerten Charakters deutlich im Sinn hat, der kann hier kaum zu schädlichen Punktwerten kommen.

Um Karriere zu machen, muß man innen und außen fit sein, also: kein Durchfall, auch kein Husten, keine Übelkeit, keine Schlafstörungen oder Schwierigkeiten beim Wasserlassen oder andere Gebrechen, die im Lauf des Inventars angeboten werden. Natürlich hat man auch keine sexuellen Probleme; alle Fragen in dieser Richtung werden verneint.

Allerdings: *«Ab und zu lache ich über einen unanständigen Witz»* – das darf man zugeben, um nicht als weltferner Mucker zu gelten.

Im Umgang mit dem lieben Gott ist aufmerksame Unterscheidung nötig: Ein tüchtiger Stellenbewerber mag fromm sein, aber nicht zu sehr. Atheisten sind allgemein verdächtig. Da mag das puritanische Erbe Amerikas bei der Testkonstruktion mitgewirkt haben, doch auch die deutsche Form des MMPI (Hathaway und McKinlay, *MMPI-Handbuch*, Bern 1963), an der Universität Saarbrücken bearbeitet, läßt ein gutbürgerliches Mittelmaß an Gottesfurcht empfehlenswert erscheinen. Es ist ratsam, an Gott und die Unsterblichkeit zu glauben, nicht aber an Wunder, an Teufel und Hölle, sonst kommt man womöglich in den Verdacht einer psychischen Abirrung. Gelegentlicher Kirchenbesuch gilt als normal, doch häufiges Bibellesen wird nachteilig vermerkt. Wer sich etwa selbst für einen verdammten Menschen oder im Gegenteil für einen Sendboten Gottes hält, sollte dies unbedingt verschweigen. Die gröberen Geisteskrankheiten sind relativ leicht zu meiden; schwieriger wird es bei der Männlichkeitsskala des MMPI, auf der kontrolliert wird, ob man sich wie ein richtiger Mann oder eine richtige Frau verhält. Dieser Unterschied wird auf dem geduldigen Fragebogenpapier mit seltsamen Maßstäben gemessen, die sich nicht unbedingt aus dem gesunden Menschenverstand oder der Lebenserfahrung des Probanden ableiten lassen. Hier einige Hinweise, wie man antworten muß, um dem richtigen Geschlecht zugezählt zu werden:

	Maskulin	**Feminin**
Ich gehe gern ins Theater	stimmt nicht	stimmt
Ich habe keine Angst vor Schlangen	stimmt	stimmt nicht
Ich würde gern Bibliothekar werden	stimmt nicht	stimmt
Ich denke oft schneller als ich spreche	stimmt nicht	stimmt
Ich gehe gerne auf die Jagd	stimmt	stimmt nicht
Ich bin Mitglied in mehreren Vereinen	stimmt	stimmt nicht
Ich habe nie mit Puppen gespielt	stimmt	stimmt nicht

	Maskulin	Feminin
Ich liebe Gedichte	stimmt nicht	stimmt
Ich bin in der Liebe enttäuscht worden	stimmt nicht	stimmt
Ich liebe laute lustige Gesellschaften	stimmt	stimmt nicht
Ich bin voller Selbstvertrauen	stimmt	stimmt nicht
Ich empfinde stärker und tiefer als die meisten Menschen	stimmt nicht	stimmt
Ich wäre gern Soldat	stimmt	stimmt nicht
Oft habe ich Lust auf eine Schlägerei	stimmt	stimmt nicht

Es sind insgesamt 60 Fragen, an denen Männlein und Weiblein unterschieden werden. Sie sind an der Durchschnittsnorm ermittelt worden, die vermutlich vor 15 Jahren im Saarland galt oder vor 20 Jahren in Minnesota. Ein moderner junger Mann, der vielleicht Theater und Lyrik schätzt, Liebeskummer kennt und sich weder fürs Schießen noch fürs Prügeln erwärmen kann, sollte solche Neigungen lieber verbergen, denn er handelt sich sonst eine «feminine Tendenz» ein, die auf Homosexualität oder zumindest «ästhetische Interessen» schließen läßt. Personalchefs sehen das nicht gern.

Weibliche Bewerber hingegen sind nicht verpflichtet, sich unbedingt ans sexuelle Rollenschema zu halten. Sie können sich unbesorgt zu lustigen Gesellschaften, Vereinsmeierei und Jagdlust bekennen, ohne als Lesbierinnen verdächtigt zu werden. Bei Frauen bedeutet ein hoher Maskulinitätswert, daß sie selbstsicher, spontan und tüchtig sind, also für Führungspositionen wie geschaffen. Hier wird das alte Klischee am Leben gehalten, daß nur Mannweiber etwas leisten, daß Weiblichkeit mit Hilflosigkeit einhergeht. Wer aus der Rolle fällt, muß mit Strafpunkten rechnen, das gilt vor allem für die Männer, die sich nicht mehr am Ideal der Kruppstahl-Härte orientieren mögen. Die Psychologen, die dem MMPI vertrauen, berufen sich auf die Statistik, die ein für allemal entschieden hat, daß etwa Schlangenfurcht und Theaterleidenschaft unmännlich sind, daß ein rechter Kerl gern zur Flinte greift usw. Wer nicht am bewährten Verhalten klebt, ist abnorm und muß die nachteiligen Folgen tragen – oder beim Fragebogenausfüllen ein bißchen schwindeln.

Für Stellenbewerber und andere Aufstiegswillige sind jene Auswertungsmöglichkeiten des MMPI besonders wichtig, die erst nachträglich hinzugefügt wurden. Fleißige Forscher haben nämlich herausgefunden, daß die 560 Fragen des Mammuttests sich nicht nur für Abnormitäten, sondern auch zur Ermittlung «normaler» Wesenszüge eignen. Unzählige Zusatzskalen wurden im Lauf der Jahre ausgearbeitet, die es z. B. erlauben, erfolgreiche Baseballspieler, Leute mit Neigung zu Rückenschmerzen oder weibliche Masochisten von Durchschnittsbürgern zu unterscheiden. Als lehrreiches Beispiel kann die Dominanzskala dienen, die schon aus der Beantwortung von sechzehn Fragen die Führungsqualitäten eines Bewerbers ermittelt.

«Ich habe feste politische Ansichten.»

«Wenn ich dazu Gelegenheit hätte, wäre ich ein guter Menschenführer.»

«Ich habe mich manchmal von Dingen ferngehalten aus Furcht, etwas zu tun, das ich bereuen könnte.»

«Ich stimme bei Wahlen manchmal für Leute, von denen ich wenig weiß.»

«Ich wäre gern Mitglied mehrerer Vereine.»

Das sind Behauptungen, denen eine Führernatur zustimmen muß; andere hingegen sollen mit «stimmt nicht» zurückgewiesen werden:

«Niemand versteht mich!»

«Manchmal fällt es mir schwer, die Gedanken bei der Arbeit zu halten.»

«Ich glaube, ich habe nicht das richtige Leben geführt.»

«Ich habe zu wenig Selbstvertrauen.»

«Ich tue vieles, was ich hinterher bereue.»

«Ich mache niemand einen Vorwurf, der alles erhaschen will, was er im Leben erlangen kann.»

«In Gesellschaft habe ich oft Mühe, den rechten Gesprächsstoff zu finden.»

«In der Schule fiel es mir schwer, vor der Klasse zu sprechen.»

«Ich muß erst nachdenken und innehalten, bevor ich etwas tue, auch bei Kleinigkeiten.»

«Ich habe oft Mühe, mich zu konzentrieren.»

«Der Mensch, den ich als Kind am meisten bewunderte, war eine Frau.»

Hier wird ganz deutlich, welche Neigungen einer Führungslaufbahn im Wege stehen können: Schüchternheit, Schuldgefühle, starke Mutterbindung, Selbstkritik sollten beim Ausfüllen des ellenlangen Fragebogens möglichst zurückgestellt werden. Natürlich kann der Proband nicht alle Fragen richtig treffen; das wäre auch gar nicht wünschenswert, denn hundertprozentige Dominanz wird auch dem Arbeitgeber Furcht einflößen. Falls man den Eindruck hat, es werde eine eher schmiegsame und unterwürfige Persönlichkeit erwartet, sollte man das zur Schau getragene Selbstbewußtsein lieber bremsen.

Bisher gibt es keine Skala, die politische Einstellung mißt, doch ist es sicher leicht, einen solchen Maßstab zu konstruieren und nach Belieben etwa gewerkschaftsfreundliche oder sonst lästige Kandidaten auszusondern. Der Proband hat keine Kontrolle, was mit seinen Fragebogen geschieht; das Testmaterial kann heute mühelos gespeichert und zu einem späteren Zeitpunkt neu ausgewertet werden. Ein unbehaglicher Gedanke, der dadurch genährt wird, daß der MMPI schon heute in den verschiedenen Skalen dazu neigt, Pluspunkte für konservative Einstellungen zu verleihen.

So empfiehlt es sich etwa für einen Kandidaten, der strebsam und ehrgeizig wirken will, sich gegen Sexualerziehung auszusprechen, alle Polizisten für ehrlich zu halten und zu betonen, daß er selten seine Meinung ändert. Wer nicht als amoralisch oder abnorm eingestuft werden will, sollte folgenden Sätzen zustimmen:

«Ich bin für strenge Anwendung der Gesetze.»

«Jeder Mensch, der tüchtig arbeiten kann und will, hat Aussicht auf Erfolg.»

«Ich bin immer empört, wenn ein gerissener Rechtsanwalt für den Freispruch eines Verbrechers sorgt.»

«Meine Eltern und meine Familie haben mehr an mir auszusetzen als nötig.»

Aus der Fülle der Fragen, von denen viele gänzlich sinnlos erscheinen, werden die Auswertungsskalen gespeist, die dann zusammengestellt ein «Persönlichkeitsprofil» ergeben mit dem Anspruch, «alle wesentlichen Bereiche für Klinik und Personalauslese» zu erfassen. Für zahlreiche Berufe liegen Musterprofile vor, so daß ein mechanischer Vergleich genügt, um den passendsten Kandidaten zu ermitteln. Viele Firmen sind stolz darauf, daß sie diese Arbeiten vom Computer erledigen lassen; eine vollautomatische Personalauslese, die von menschlichen Irrtümern und subjektiven Urteilen chemisch rein gehalten wird. Daß auch der papierene Riese aus Minnesota irren kann, wenn er Einzelpersonen an statistischen Normen mißt, daß etwa 10 Prozent der Gesunden fälschlich als abnorm eingestuft werden, spielt bei dieser Rechnung keine Rolle. Große Firmen kalkulieren eben großzügig. Für den einzelnen sieht das anders aus.

13. Die Lügenfalle

Die Unehrlichkeit gehört zu den Lastern, die man bei andern strenger verurteilt als bei sich selbst. Dieser allzumenschlichen Grundregel scheinen auch die Testpsychologen unterworfen: Sie bekennen sich mit verschmitztem Lächeln zu allerlei Täuschungsmanövern, die die Transparenz ihrer Methoden verhindern sollen, zugleich sind sie aber durchaus der Meinung, daß ihre Klienten sich ehrlich und durchsichtig verhalten müßten.

Diese Forderung wird durch ein ganzes Arsenal von Lügendetektoren und Enthüllungstechniken unterstützt, deren bedrohliche Existenz durch geschickte Öffentlichkeitsarbeit unter die Leute gebracht wurde. So ist es kein Geheimnis, daß die Persönlichkeits-Fragebogen spezielle Lügenfallen enthalten – eine Tatsache, die oft und gerne öffentlich betont wird, um skrupellose Bürger vom Schwindeln abzuhalten. Wenn man die Fallen näher untersucht, verlieren sie allerdings ihren furchteinflößenden Charakter. Ihre Mechanik beruht auf der Annahme, daß Leute, die lügen, kein Augenmaß für die Unwahrscheinlichkeit ihrer Lügen haben. Wer seine negativen Eigenschaften verheimlichen will, wird selbst ganz harmlose oder allgemein verbreitete Fehler leugnen – und damit in die Lügenfalle tappen. So ist etwa die Behauptung, man habe noch nie in seinem ganzen Leben ein unwahres Wort gesagt, im höchsten Maße unglaubwürdig und zählt als Verdachtsmoment für allgemeine Unehrlichkeit.

Die meisten Fragebogen enthalten solche Trickfragen, deren Ergebnis auf einer gesonderten Lügenskala eingetragen wird. Man erkennt sie manchmal an der unvorsichtigen Formulierung, wenn z. B. von «niemals» oder «immer» die Rede ist. «Ich sage immer und unter allen Umständen die Wahrheit» – wer mag das schon von sich behaupten?

Im MMPI, der als Muster für viele andere Fragebogen gelten kann, sind die Lügenfallen nicht ganz so offensichtlich. Sie lauern dort, wo man sich zu kleinen Schwächen bekennen soll, die außerordentlich häufig sind. Von den 560 Fragen des MMPI gehören 15 in diese Kategorie:

«Manchmal denke ich an Dinge, die zu schlecht sind, um darüber zu reden.»

«Ich sage nicht immer die Wahrheit.»

«Ich werde manchmal wütend.»

«Manchmal bin ich schlechter Laune, wenn ich mich nicht wohl fühle.»

«Wenn ich ohne Bezahlung in ein Kino hereinkönnte und sicher wäre, nicht gesehen zu werden, dann würde ich es wahrscheinlich tun.»

«Ich lerne gern bedeutende Leute kennen, weil ich mich dann selbst wichtig fühle.»

«Manchmal stimme ich bei Wahlen für Leute, von denen ich sehr wenig weiß.»

«Manchmal klatsche ich ein wenig.»

«Ab und zu lache ich über einen unanständigen Witz.»

«Ich mag nicht jeden Menschen leiden, den ich kenne.»

«Manchmal möchte ich am liebsten fluchen.»

«Ich lese nicht jeden Tag alle Leitartikel in der Zeitung.»

«Manchmal verschiebe ich etwas auf morgen, was ich heute tun müßte.»

«Mein Benehmen bei Tisch ist zu Hause nicht ganz so gut, wie wenn ich in Gesellschaft auswärts esse.»

«Ich würde beim Spiel lieber gewinnen als verlieren.»

Um als aufrichtiger Charakter abzuschneiden, sollte man mindestens die Hälfte dieser netten kleinen Fehler eingestehen. Einige darf man ruhig abstreiten, denn ein allzu niedriger Lügenwert ist auch nicht erstrebenswert. Wer alles zugibt, gilt als ängstlich.

Der MMPI hat einige besondere Tücken, die leicht zur Verängstigung ungewarnter Testpersonen beitragen. So sind 16 Behauptungen – darunter recht peinliche wie «Ich habe als Kind gestohlen» – doppelt im Test enthalten, wodurch dem Testleiter eine zusätzliche Kontrolle der Wahrheitsliebe möglich wird. Wer sich gegen Ende der 560 Testfragen nicht mehr entsinnen kann, was er am Anfang beantwortet hat, sollte unbesorgt zurückblättern: Die meisten Wiederholungen stammen aus den Nummern zwischen 20 und 40.

Eine Verlegenheitslösung, die von schwachen Naturen manchmal ergriffen wird, ist die Flucht ins Ungewisse, nämlich auf schwierige Fragen mit «weiß nicht» oder «zweifelhaft» zu antworten. Diese Taktik kann für strebsame Aufstiegskandidaten keinesfalls empfohlen werden: Erstens macht eine hohe Anzahl von Fragezeichen, ebenso wie ein hoher Lügengrad, den ganzen Test ungültig, und außerdem macht es einen denkbar schlechten Eindruck. Von einer Führungskraft wird vor allem Entschiedenheit und Entscheidungsfähigkeit erwartet. Wer nicht einmal weiß, welche Sünden er zugeben soll, ist fürs Management unbrauchbar. Wenn auch die meisten Fragebogen eine solche Spalte für unentschiedene Probanden vorsehen, so sollte man doch ein für allemal auf ihre Benutzung verzichten.

«Nehmen wir als Beispiel die übliche Testfrage, die vom Untergebenen verlangt, er solle vor seinem Boss seine schwachen Seiten aufdecken. Der müßte ein Narr sein, der dem Vorgesetzten seine schwachen Seiten auf einem silbernen Tablett serviert. Die Frage zwingt doch praktisch jeden, der auch nur ein bißchen gewitzt ist, wie Judas zu lügen.»
George Odiorne, zitiert in Martin L. Gross, *Die Seelentester*, Düsseldorf 1963, Seite 304.

Um glaubhaft zu lügen, braucht der gewitzte Proband eine klare Linie und eine furchtlose Einschätzung der Lügenskala. Man kommt auch mit kurzen Beinen über eine Hürde, wenn man das rechte Augenmaß für den nötigen Schwung mitbringt.

Wer sich fest vorgenommen hat, welche gewinnende Persönlichkeit er darstellen möchte, wird bei den meisten Fragebogen keine Schwierigkeiten haben, die erwünschte Antwortrichtung zu treffen. Wer sich zugleich ein gesundes Mißtrauen gegen den eigenen Überschwang bewahrt, wird jene Fragen besonders sorgfältig prüfen, die von alltäglichen Untugenden handeln. Hier gibt es feine Unterschiede, die beachtet werden müssen.

«Ich bin immer müde» – typische Neurotizismus-Frage, keinesfalls zustimmen!

«Ich bin oft müde» – das wird den Boss stören. Lieber nicht zugeben.

«Ich bin manchmal müde» – wahrscheinlich eine Lügenfalle! Also bejahen.

«Ich bin manchmal bei der Arbeit müde» – möglicherweise auch eine Lügenfalle, trotzdem leugnen.

«Ich bin manchmal bei der Arbeit so müde, daß ich mich nicht konzentrieren kann» – keinesfalls zustimmen!

Alltägliche Untugenden, die sich im Beruf auswirken, sollte man nur zugeben, wenn sie wirklich harmlos sind. Kleine Jugendsünden oder private Unarten kann man großzügiger behandeln.

«Ich habe früher niemals versäumt, meine Schularbeiten zu machen» – Lügenfalle! «Stimmt nicht» ankreuzen.

«Ich habe schon einmal vergessen, mir die Zähne zu putzen» – na wennschon! «Stimmt».

14. Gefährliche Anschauungen

«Es gibt keine richtigen und falschen Antworten, weil jeder Mensch das Recht zu eigenen Anschauungen hat.» Diese tröstlichen Worte stehen am Anfang des FPI, des Freiburger Persönlichkeits-Inventars, welches vorhat, die Probanden auf 12 Dimensionen zu untersuchen. Insbesondere wird gemessen, wie nervös, wie depressiv oder aggressiv der

Prüfling reagiert – Fragestellungen, die zweifellos eine «falsche», nämlich für das Testopfer schädliche Antwort möglich machen. Was nützt ihm da das «Recht auf eigene Anschauungen», wenn alle Welt, und vor allem jeder Arbeitgeber, gewisse Charakterzüge ablehnt.

«Ganz entscheidend ist die positive Einstellung des Probanden zur Untersuchung. Ausdrücke wie ‹Fragebogen› und ‹Test› sind tunlichst zu vermeiden, da sie leicht eine skeptische Einstellung schaffen. Alle Fragen des Probanden nach der Bedeutung der Aussagen und der Absicht der Untersuchung sind sinngemäß wie in den ersten Sätzen der ‹Anleitung› zu beantworten.»
J. Fahrenberg und H. Selg, *Das Freiburger Persönlichkeitsinventar*, Göttingen 1970.

Das Inventar enthält 212 Fragen zu Befinden, Verhalten, Einstellungen, Gewohnheiten und körperlichen Beschwerden. Es wurde an der Freiburger Universität mit deutscher Sorgfalt konstruiert und entspricht weitgehend den psychologischen Gütekriterien. Als einer der wenigen in Deutschland entwickelten Fragebogen wird es von einheimischen Test-Praktikern hoch geschätzt. Die Fragen sind zum Teil aus dem amerikanischen MMPI übernommen; die Grundvoraussetzung ist jedoch eine andere: Es werden nicht Geisteskrankheiten in mehr oder weniger starker Ausprägung gemessen, sondern die unterschiedlichen Einstellungen gesunder Personen.

Der Proband soll nicht über Tatsachen, sondern eben über eigene Anschauungen Auskunft geben, die sich dann in einer von zwölf Persönlichkeitsdimensionen niederschlagen. So wird etwa mit der Feststellung *«Ich habe nur wenige gute Bekannte»* nicht der tatsächliche Bekanntenkreis, sondern das Kontaktbedürfnis gemessen. Die Testskalen fügen sich, nach Ansicht der Verfasser, zu einem umfassenden Bild der Persönlichkeit zusammen.

Skala FPI 1 mißt Nervosität und psychosomatische Störungen. Eine typische Frage: *«Mein Körper kann sich nur selten ganz entspannen.»* Der gewitzte Bewerber wird sich hüten, hier einen hohen Testwert zu erhalten.

Skala FPI 2 mißt Aggressivität. Typische Frage: *«Ich weiß nicht warum, aber manchmal möchte ich etwas kurz und klein schlagen.»* Auch hier ist Zurückhaltung zu empfehlen, wenn man nicht unreif und unbeherrscht erscheinen will. Um freilich nicht allzu pomadig zu wirken, kann man in ein paar harmlosen Punkten zustimmen, etwa: *«Ich möchte lieber in einer lebhaften Großstadt wohnen als in einem ruhigen Dorf.»*

Skala FPI 3 mißt Depressivität. Typische Frage: *«Bedenkt man alles Leid auf dieser Erde, so kann man eigentlich nur wünschen, nicht geboren zu sein.»* Kein Zweifel, daß solche Anschauungen dem Vorwärtskommen schaden. Der Testwert in dieser Skala kann gar nicht niedrig genug sein.

Skala FPI 4 mißt Erregbarkeit. Typische Frage: *«Ich bin leicht aus der Ruhe gebracht, wenn ich angegriffen werde.»* Hier ist ein mittlerer Testwert anzustreben. Wer jede Erregung leugnet, gilt als stumpf und phlegmatisch.

Skala FPI 5 mißt Geselligkeit. Typische Frage: *«Beim Reisen schaue ich lieber auf die Landschaft als mich mit den Mitmenschen zu unterhalten.»* Nur Leuchtturmwärter oder stille Forscher dürfen solchen Anschauungen zustimmen und damit als zurückhaltend und selbstgenügsam gewertet werden. Für die meisten Kandidaten ist das andere Extrem – ein hoher Testwert im Kontaktstreben – wünschenswert.

Skala FPI 6 mißt Gelassenheit. Typische Frage: *«Wenn mir einmal etwas schiefgeht, regt mich das nicht weiter auf.»* Je höher der Testwert, desto gewinnender der Proband. Wer hier schlecht abschneidet, gilt als mürrisch, zögernd und wenig belastbar.

Skala FPI 7 mißt Dominanzstreben. Typische Frage: *«Ich male mir manchmal aus, wie übel es denen eigentlich ergehen müßte, die mir unrecht tun.»* Umgängliche und tolerante Menschen erreichen hier einen sehr niedrigen Testwert. Der gewitzte Bewerber sollte allerdings berücksichtigen, daß autoritäre Chefs und Firmen mit forschem Umgangston oft auch engstirnige Mitarbeiter suchen. Noch eine typische Frage: *«Ein Hund, der nicht gehorcht, verdient Schläge.»*

Skala FPI 8 mißt Gehemmtheit. Typische Frage: *«Es fällt mir schwer, vor einer großen Gruppe von Menschen zu sprechen oder vorzutragen.»* Mit solchen Anschauungen kann man kaum Karriere machen. Ein möglichst niedriger Testwert hingegen läßt den Probanden selbstsicher, einsatzbereit und unternehmungslustig erscheinen.

Skala FPI 9 mißt Offenheit. Typische Frage: *«Hin und wieder gebe ich ein bißchen an.»* Hier verbirgt sich die Lügenskala mit insgesamt 14 Fragen. Es gilt, kleine Schwächen unbekümmert zuzugeben; wer das nicht schafft, wird als selbstgefällig oder verlogen eingestuft.

Skala FPI E mißt Extraversion. Typische Frage: *«Ich habe fast immer eine schlagfertige Antwort bereit.»* Ein hoher, doch nicht allzu hoher Testwert ist wünschenswert, um einen aktiven, durchsetzungsfähigen Eindruck hervorzurufen.

Skala FPI N mißt emotionale Labilität. Typische Frage: *«Meine Familie und meine Bekannten können mich im Grunde kaum richtig verstehen.»* Auf dieser Skala findet sich eine ganze Sammlung von schlechter Laune, Mißtrauen und Schuldgefühlen. Nur ein Narr wird hier zustimmen und glauben, daß man ihn trotzdem als angenehmen Mitarbeiter schätzen könnte.

Skala FPI M mißt Männlichkeit. Typische Frage: *«Selbst wenn sich alles gegen mich verschworen hat, lasse ich den Mut nicht sinken.»* Egal ob Mann, ob Weib, jeder zielstrebige Prüfling muß sich um einen hohen Männlichkeitsgrad bemühen, wenn er überhaupt bestehen will, denn nur Männer sind, laut FPI, selbstbewußt, zuversichtlich und gesund.

Als Endergebnis des Tests liegt schließlich ein aus zwölf Wesenszügen zusammengesetztes Profil vor, das mühelos mit anderen Testergebnissen oder mit Idealprofilen verglichen werden kann. Die ökonomische und praktische Anlage des Verfahrens hat den Verfassern viel Lob eingebracht und läßt auf weitere Erfolge schließen.

«Die Untersuchung mit einem Persönlichkeitsinventar erfordert in der Regel nur den Fragebogen und einen Auswertungsbogen, also kein kostspieliges Testmaterial. Der Test kann vom Probanden selbständig ausgefüllt werden und von einer Hilfskraft entweder mittels Schablone oder nach Ablochen auf Lochkarten mit einem Computer ausgezählt werden. Erst die Interpretation verlangt einen qualifizierten Psychologen. Unter bestimmten Bedingungen wird künftig vielleicht auch die Interpretation oder ein Teil der Interpretation automatisiert werden können.»
J. Fahrenberg und H. Selg, *Das Freiburger Persönlichkeitsinventar*, Göttingen 1970.

Die Versuchung, dies praktische und scheinbar sachliche Instrument zur Personalauslese zu benutzen, ist sicher groß; aus dem Blickwinkel der Prüflinge sieht der Test nicht ganz so sachlich aus. Wenn er auch nicht die grobe Zudringlichkeit des MMPI erreicht, so enthält er doch zahlreiche Einzelheiten, die nicht zum Arbeitsbereich gehören. Wenn jeder Mensch «das Recht zu eigenen Anschauungen» hat, so fehlt doch dem Arbeitgeber das Recht, danach zu forschen.

«Ich träume oft von Dingen, die man am besten für sich behält.»

«Als Kind habe ich manchmal ganz gerne andere gequält, z. B. Arme umgedreht, an Haaren gezogen usw.»

«Ich habe manchmal rote Flecken am Hals oder im Gesicht.»

«In aufregenden oder angstvollen Situationen stellt sich bei mir Stuhldrang oder Harndrang ein.»

«Ich habe – offen gestanden – schon Tiere gequält.»

«Meine Hände sind häufig zittrig (z. B. beim Anzünden einer Zigarette oder Halten einer Tasse).»

Wer erwartet eigentlich, daß solche Fragen ehrlich beantwortet werden?

15. Durchleuchtung im Schnellverfahren

Während die Seelenforscher noch völlig uneins sind, ob sich das Wesen des Menschen in zehn oder zwölf oder sechzehn wichtigen Eigenschaften niederschlägt, haben einige, besonders naturwissenschaftlich orientierte Psychologen versucht, die Daten der bisherigen Persönlichkeitsforschung mathematisch aufzuschlüsseln. Da schnurrt dann die ganze Vielfalt des menschlichen Verhaltens auf Grund komplizierter Rechenkünste auf zwei wesentliche Faktoren zusammen, von denen angeblich alle andern Eigenschaften abhängig sind: Neurotizismus und Extraversion.

Der einfallsreiche Professor Eysenck, der auch noch andere kühne Testverfahren ersann, konstruierte einen Fragebogen, der diese beiden Faktoren mißt. Das «Maudsley Persönlichkeitsinventar» (MPI) bezieht zwar seinen Namen von der psychiatrischen Maudsley-Klinik in London, ist aber ganz ausdrücklich für «normale» Testpersonen, vor allem in Industrie und Erziehung gedacht. Es enthält 48 Fragen, die mit «ja», «nein» oder «?» zu beantworten sind. Wer mehr als zehn «?» ankreuzt, wird von der Auswertung ausgeschlossen.

Trotz seiner Kürze wirkt der MPI auf manche Probanden sehr beunruhigend: Viele Fragen ähneln einander so stark, daß man den Eindruck hat, man habe diese Frage bereits beantwortet, und eine Lügenfalle oder andere undurchsichtige Machenschaften vermutet. Tatsächlich ist der Fragebogen wohl deshalb so eintönig, weil er nur zwei Faktoren mißt und sich ebensogut in zwei Grundfragen zusammenfassen ließe:

1. «Sind Sie unkonzentriert, launisch und schlapp?»
2. «Sind Sie gesellig, heiter und handlungsfähig?»

Die 24 Varianten der ersten Frage messen den Neurotizismusgrad – eine Skala, auf der jeder verständige Bewerber möglichst niedrig eingestuft werden möchte. Die neurotische Tendenz faßt Neigungen zusammen, die dem beruflichen Vorwärtskommen durchweg hinderlich sind, wie etwa Streitsucht, Depressivität, Nervosität, Unterlegenheitsgefühle und vieles andere Unangenehme. Fragen, die in diese Richtung zielen, sollten weitgehend verneint werden.

Der zweite Fragenkomplex ist zwar mit der ersten Gruppe listig vermischt, läßt sich aber daran erkennen, daß es im wesentlichen um Umweltkontakte geht. Am Umgang mit andern Menschen soll der Extraversionsgrad gemessen werden. Hier ist ein hoher Testwert günstig, wenn auch in Maßen, denn ein übermäßig extrovertierter Mitarbeiter kann auch als unbesonnen und schwatzhaft empfunden werden.

Der Testleiter ist angewiesen, auf rasche Ausfüllung des Fragebogens zu drängen und treuherzig zu beteuern, es gebe keine falschen und richtigen Antworten. Trotzdem ist der MPI auf Grund seiner einfachen

Konstruktion leicht zu durchschauen. Das scheint auch dem Verfasser klar zu sein, der im Handbuch deutlich darauf hinweist, «daß Fragebogenerhebungen viel von ihrer Nützlichkeit verlieren, wenn die Bedingungen der Anwendung des Tests von solcher Art sind, daß die Versuchsperson in irgendeiner Weise fühlt, daß es ihrem Interesse dient, nicht die Wahrheit zu sagen, sondern ein so gutes Bild wie möglich von sich selbst zu geben.» (Hans Jürgen Eysenck, *Das Maudsley Personality Inventory*, Göttingen 1959, S. 17)

Er bezieht sich dabei auf eine Untersuchung, bei der Stellenbewerber vor und nach ihrer Einstellung getestet wurden: «Dabei stellte sich heraus, daß die nach der Entscheidung getesteten Personen einen höheren Wert der neurotischen Tendenz aufwiesen, als jene, die vorher getestet wurden.»

Die Bewerber waren also offensichtlich in der Lage, die Bedeutung der Fragen zu erraten und zumindest teilweise so zu beantworten, daß sie gut abschnitten. Es ist auch nicht sehr viel List erforderlich, um zu ahnen, was ein Arbeitgeber gerne hören möchte:

«*Versenken Sie sich gerne in Träumereien?*
ja ? nein
Haben Sie oft eine schlechte unzufriedene Laune?
ja ? nein
Grübeln Sie viel über Ihre Vergangenheit nach?
ja ? nein»

16. Zwei Möglichkeiten

Die Vermutung, daß auch Versuchspersonen eigene Interessen vertreten könnten, also zum Beispiel einen guten Eindruck auf den Testleiter machen wollen, hat den Fragebogenkonstrukteuren viel Kopfzerbrechen bereitet. Selbst nach der Erfindung der Lügenskala war das Problem offensichtlich nicht gelöst. Es gibt eine Menge komplizierter Untersuchungen, die das beweisen, was eigentlich selbstverständlich ist: daß nämlich die Testantworten von den moralischen und sozialen Wertvorstellungen des Befragten beeinflußt sind. Ein Verhalten, das allgemein mißbilligt wird, gibt man ungern zu; man ist eher geneigt, sich zu sozial erwünschten Neigungen zu bekennen. Aus dieser Erkenntnis entstanden die «Forced Choice Tests», Fragebogen, bei denen man gezwungen ist, sich zwischen zwei gleichwertigen Möglichkeiten zu entscheiden.

A «Ich möchte gern einen erfolgreichen Roman schreiben» oder *B «Ich erzähle in Gesellschaft gern amüsante Geschichten».*

Eine von beiden Behauptungen muß man als zutreffend ankreuzen, wobei das Bedürfnis, einen guten Eindruck zu machen, weitgehend ausgeschaltet wird, denn beide Alternativen sind etwa gleich sympathisch oder unsympathisch. Auf den ersten Blick ist ein solcher Fragebogen sehr verwirrend; vor allem muß er meist unter Zeitdruck ausgefüllt werden. Es gehört zu den Grundvoraussetzungen des Verfahrens, daß dem Probanden keine Zeit zum Nachdenken gelassen wird. Wer das Prinzip durchschaut, kann auch in diesem Test einen gewinnenden Eindruck hervorrufen. Als Beispiel möge Edwards Personal Preference Schedule (EPPS) dienen, von dem amerikanischen Professor Edwards als «schnelles und praktisches Instrument für 15 Eigenschaften» ersonnen und auch bei deutschen Psychologen beliebt (siehe Allan L. Edwards, *Edwards Personal Preference Schedule Manual*, New York 1959).

EPPS geht davon aus, daß der Mensch im wesentlichen durch 15 Bedürfnisse bestimmt ist, die bei jedem Individuum unterschiedlich stark ausgeprägt sind. Es handelt sich um die Bedürfnisse nach

1. Leistung
2. Anerkennung
3. Ordnung
4. Selbstdarstellung
5. Selbständigkeit
6. Geselligkeit
7. Distanz
8. Hilfsbereitschaft
9. Herrschaft
10. Selbsterniedrigung
11. Unterstützung
12. Abwechslung
13. Ausdauer
14. Sexualität
15. Angriffslust.

Jedes dieser Bedürfnisse ist durch einen Satz gekennzeichnet, also etwa die Ausdauer durch die Feststellung: *«Wenn ich eine Arbeit angefangen habe, möchte ich sie auch zu Ende führen»*, hingegen das Leistungsstreben durch die Behauptung: *«Ich freue mich, wenn ich etwas besser kann als andere»*. Wer zwischen diesen beiden Sätzen wählen muß, entscheidet sich also entweder für Ausdauer oder für Leistung. Der Test enthält insgesamt 225 Alternativen, die aus immer neuen Zusammenstellungen der 15 Bedürfnisse bestehen.

Der gewitzte Bewerber muß sich wieder einmal auf sein Idealprofil besinnen, um hier gut abzuschneiden. Leistung, Selbständigkeit, Hilfsbereitschaft, Ausdauer sind durchweg zu empfehlen; andere Bedürfnisse sollten je nach der angestrebten Stellung differenziert werden. Bei jeder im Test angebotenen Alternative läßt sich nun abwägen, welche

Bedürfnisse wohl hinter den beiden Möglichkeiten stecken und welches von beiden für einen aufstrebenden Manager wichtiger ist.

Zum Beispiel:

A «Wenn ich einem Ausschuß angehöre, möchte ich gern zum Vorsitzenden gewählt werden.»

B «Wenn ich in einer Arbeitsgruppe bin, unterwerfe ich mich gern den Entscheidungen des Leiters.»

Hier gilt es offensichtlich, sich zwischen Herrschaftsbedürfnis und Anerkennung anderer zu entscheiden – eine Alternative, die nur angesichts des jeweiligen Arbeitsplatzes gelöst werden kann.

A «Wenn ich etwas Falsches gemacht habe, erwarte ich auch, dafür bestraft zu werden.»

B «Ich kann mich in ein Problem verbeißen, auch wenn es ziemlich aussichtslos aussieht.»

Zwischen Selbsterniedrigung und Ausdauer fällt die Entscheidung gewiß nicht schwer.

A «Ich höre und erzähle gern Witze, in denen Sex eine Rolle spielt.»

B «Wenn mich jemand beleidigt hat, möchte ich gern Rache nehmen.»

Hier hat man die Auswahl zwischen Sexualität und Aggression, da ist ein Stück ehrlicher Sex wahrscheinlich gewinnender.

Jede Entscheidung bringt einen Plus- oder Minuspunkt auf der entsprechenden Bedürfnis-Skala. Zum Schluß wird alles aufgerechnet und das übliche Persönlichkeitsprofil erstellt, das dann mit der Norm oder dem entsprechenden Berufsprofil verglichen werden kann. Der EPPS verdankt seine Beliebtheit vor allem der Tatsache, daß er als Gruppentest geeignet ist, von Hilfskräften oder Computer mechanisch ausgewertet werden kann und dadurch geringe Kosten verursacht. Die Hoffnung, die an seiner Wiege stand, daß nämlich endlich ein garantiert lügensicheres Instrument erfunden sei, hat sich freilich nicht erfüllt. Schon kurz nach seiner Veröffentlichung erbrachten rivalisierende Wissenschaftler den Beweis, daß auch der EPPS leicht zu manipulieren ist, wenn man will! Das gilt auch für die anderen Fragebogen, die nach ähnlichen Prinzipien konstruiert sind: Gewitzte Kandidaten, die sich nicht einschüchtern lassen, finden meist den richtigen Dreh, sich durch das Labyrinth der Alternativ-Möglichkeiten so hindurchzuschlängeln, daß der erwünschte positive Eindruck entsteht.

Die Testkonstrukteure aber haben die Suche nach dem undurchschaubaren Test noch lange nicht aufgegeben.

«Wir wollen offen zugeben, daß die Herstellung von Tests und Puzzles ein faszinierendes Gesellschaftsspiel ist. Solange Amateurpsychologen immer neue unwiderstehliche Einfälle haben und an das Geheimrezept

eines Tests zur Überwindung aller Tests glauben – so lange wird auch im Testgeschäft die Suche nach ausgefallenen Wundermitteln weitergehen.»
R. B. Cattell, *Objective Personality and Motivation Tests*, Chicago 1967, Seite 2.

17. Ein Charakter = 16 Faktoren

Im Wettstreit psychologischer Schulen werden immer neue Möglichkeiten der Testkonstruktion ersonnen und diskutiert, wobei den Laien in erster Linie das Ergebnis interessiert. Der 16-PF-Fragebogen des großen amerikanischen Forschers R. B. Cattell erfreut sich bei der Personalauswahl besonderer Beliebtheit: Er ist nicht so grob zudringlich wie etwa der MMPI, er ist schwerer zu durchschauen und leichter auszuwerten. Das gesamte Personal der Lufthansa wird seit Jahren mit diesem Test begutachtet, ein Vorbild, auf das sich auch kleinere Firmen gerne stützen.

Die sechzehn Persönlichkeits-Faktoren, die hier geprüft werden, beschreiben relativ «normale» Wesenszüge; auch die Testfragen sind so neutral und oft umständlich formuliert, daß ihre Bedeutung kaum auf den ersten Blick zu erkennen ist. Professor Cattell kann es sich sogar leisten, auf eine Lügenskala zu verzichten und statt dessen darauf zu bauen, daß der Proband im eigenen Interesse die Wahrheit sagen werde.

«Dieses Fragebogen-Problem ist wahrscheinlich nicht so ernst, wie es oft dargestellt wird, denn der Psychologe oder Berater wird den Test sicherlich nur in solchen Situationen anwenden, wo dem Klienten ganz deutlich ist, daß exakte Ergebnisse seinem eigenen Wohl dienen.»
Raymond B. Cattell in *The 16 PF Manual*, Champaign/Illinois 1967.

Wer dem eigenen Wohl durch zusätzliches Wohlverhalten nachhelfen will, sollte sich dennoch mit den sechzehn Persönlichkeitsfaktoren vertraut machen, um heimtückischen Klippen ausweichen zu können. Je nach dem erreichten Punktwert schwankt jeder Faktor zwischen zwei Extremen.

Faktor A reicht von reserviert, zurückhaltend bis herzlich warm.
Typische Frage: *«Bei gleichem Gehalt wäre ich lieber a) Chemiker in der Forschung, b) unsicher, c) Hotelmanager.»*
Faktor B von wenig intelligent bis hochintelligent, abstrakt.
Typische Frage: *«Welches Wort paßt nicht zu den andern: a) Hund, b) Stein, c) Kuh?»*
Faktor C von emotional labil, erregbar bis stabil, gelassen.

Typische Frage: *«Ich bin oft mehr verletzt durch die Art, in der Leute einem Dinge sagen, als von dem, was sie sagen, a) stimmt, b) dazwischen, c) stimmt nicht.»*

Faktor E von nachgiebig, unterwürfig bis beherrschend, eigensinnig.

Typische Frage: *«Ich glaube, meine Ansichten sind a) der Zeit voraus, b) unsicher, c) gehen mit der Zeit.»*

Faktor F von ernst, nüchtern, vorsichtig bis sorglos, enthusiastisch.

Typische Frage: *«Ich stecke gern inmitten einer Menge Aufregung und Geschäftigkeit. a) stimmt, b) dazwischen, c) stimmt nicht.»*

Faktor G von unbekümmert, verantwortungslos bis gewissenhaft.

Typische Frage: *«Im Beruf ist es wichtiger, die ‹richtigen Leute› zu kennen als erstklassige Arbeit zu tun. a) stimmt, b) dazwischen, c) stimmt nicht.»*

Faktor H von schüchtern, ängstlich bis kühn, ungehemmt.

Typische Frage: *«Wenn ich auf Leute einen guten Eindruck machen will, a) habe ich immer Erfolg, b) habe ich manchmal Erfolg, c) bin ich im allgemeinen meines Erfolges nicht sicher.»*

Faktor I von rücksichtslos, realistisch bis sensibel.

Typische Frage: *«Ich bin für künstlerische Qualität empfänglicher als die meisten Leute. a) stimmt, b) dazwischen, c) stimmt nicht.»*

Faktor L von leichtgläubig, vertrauensvoll bis mißtrauisch, selbstgerecht.

Typische Frage: *«Niemand würde mich gern in Schwierigkeiten sehen. a) stimmt, b) unsicher, c) stimmt nicht.»*

Faktor M von konventionell, außengesteuert bis Bohémien, ausgeflippt.

Typische Frage: *«Ich würde das Leben a) eines Künstlers oder Forschers, b) unsicher, c) eines Buchprüfers oder Versicherungsangestellten vorziehen.»*

Faktor N von offen, ungekünstelt bis listig, berechnend, ausgekocht.

Typische Frage: *«Es ist mir peinlich, mich ständig von jemand bedienen zu lassen. a) stimmt, b) unsicher, c) stimmt nicht.»*

Faktor O von selbstbewußt, zuversichtlich bis schuldbewußt, sorgenvoll.

Typische Frage: *«Ich habe das Gefühl, daß meine Freunde mich nicht so sehr brauchen wie ich sie. a) stimmt, b) unsicher, c) stimmt nicht.»*

Faktor Q1 von konservativ, traditionsbewußt bis radikal.

Typische Frage: *«Wir sollten unser Leben mehr ausrichten a) nach allgemeinen Sitten und Regeln, b) dazwischen, c) nach unserer eigenen Vernunft.»*

Faktor Q2 von folgsam, gruppenkonform bis eigenbrötlerisch, Einzelgänger.

Typische Frage: *«Ich löse ein Problem besser, wenn ich es a) allein studiere, b) dazwischen, c) mit andern darüber spreche.»*

Faktor Q 3 von unbeherrscht, zwanglos bis beherrscht, zwanghaft.
Typische Frage: *«Wenn Leute wenig von mir halten, folge ich trotzdem meinen eigenen Vorstellungen. a) stimmt, b) unsicher, c) stimmt nicht.»*
Faktor Q 4 von entspannt, locker bis gehetzt, nervös, frustriert.
Typische Frage: *«Ich fühle mich oft ganz müde, wenn ich morgens aufstehe. a) stimmt, b) unsicher, c) stimmt nicht.»*

Für jeden Faktor gibt es rund zehn Fragen, deren Zuordnung selbst gewitzten Versuchspersonen nicht immer leichtfallen wird. Freilich ist auch davon abzuraten, in irgendeiner Eigenschaft Höchstwerte erreichen zu wollen, denn die Extreme sind fast durchweg negativ.

Als Beispiel diene der Faktor Q1, der die politische Einstellung mißt und daher vom aufstrebenden Bewerber besonders sorgsam behandelt werden muß. Nur wenige Arbeitgeber wünschen sich einen erzkonservativen, noch weniger allerdings einen umstürzlerischen Mitarbeiter. Der weise Proband wird sich je nach Idealprofil rechts oder links von der Mitte einordnen – und sich im stillen wundern, auf welch verschlungenen Wegen die Testpsychologen Gesinnung messen:

«Zur Erholung ziehe ich vor: a) Sport und Spiele, b) unsicher, *c) Diskussionen und Denksportaufgaben.*

Ich finde, die Scheidung sollte weniger altmodischen Einschränkungen unterworfen und mehr eine Sache der gegenseitigen Einwilligung sein. *a) ja*, b) dazwischen, c) nein

Bei gutem Gehalt könnte ich die Stellung eines Pflegers für Geisteskranke annehmen. a) ja, b) dazwischen, *c) nein*

In meiner Zeitung lese ich gern *a) Diskussionen grundlegender sozialer Fragen der modernen Welt*, b) dazwischen, c) einen guten Überblick über alle lokalen Neuigkeiten.

Ich würde sehr gern an der Börse als Fachmann tätig sein, z. B. Trends ausarbeiten usw. *a) ja*, b) dazwischen, c) nein

Ich sage manchmal zum Spaß alberne Dinge, nur um die Leute in Erstaunen zu versetzen und zu sehen, was sie dazu sagen. a) ja, b) dazwischen, *c) nein*

Bei meiner Arbeit entstehen mehr Schwierigkeiten durch Leute, die a) dauernd Methoden ändern, die schon in Ordnung sind, b) unsicher, c) *sich weigern, moderne Methoden anzuwenden.*

Unser öffentliches Leben sollte mehr von logischem Denken und weniger von gefühlsmäßigen traditionellen Überzeugungen bestimmt werden. *a) ja*, b) dazwischen, c) nein

Wenn ich mit jemandem in der Ansicht über eine gesellschaftspolitische Frage nicht übereinstimme, versuche ich *a) herauszubekommen, was letzten Endes die Ursache unserer Meinungsverschiedenheit ist,*

b) unsicher, c) einen für uns beide gangbaren Weg zu finden.

An den meisten Schwierigkeiten, denen ich bei der Arbeit und in Gesellschaft begegne, sind weitgehend meine eigenen Fehler schuld. a) stimmt, b) dazwischen *c) stimmt nicht.*»

Wer auf all diese Fragen die jeweils kursiv gesetzte Antwort für richtig hält, wird als radikaler Freidenker eingestuft – ein Ergebnis, das deutlich macht, wie sehr dieser Test von amerikanischem Mittelstandsdenken beeinflußt ist.

Ob der 16 PF tatsächlich die gesamte Persönlichkeit erfaßt, wird von seinen Kritikern bestritten; seine Anhänger loben vor allem, daß er die im Arbeitsleben wichtigen Eigenschaften behandelt und den Vergleich mit einer Reihe durchschnittlicher Berufsprofile zuläßt: Bei einer Kombination bestimmter Testwerte wird für bestimmte Arbeitsgebiete mit hoher Wahrscheinlichkeit ein Erfolg prophezeit. Solche Voraussagen beruhen freilich auf der Vermutung, daß die erfolgreichen Vorbilder, auf denen die Berufsprofile beruhen, durchweg die Wahrheit gesagt, bzw. angekreuzt haben.

«Ich glaube, jeder wird eine Lüge gebrauchen, wenn es darum geht, sich aus Schwierigkeiten herauszuhalten.

a) ja, b) dazwischen, c) nein.»

18. Marke Eigenbau

Der gelehrige Leser, der bis hierher mitgehalten hat, mag sich bald zutrauen, selbst einen Test zu entwerfen. Keine falsche Scheu: Wenn man sich erst mal von den Güteforderungen löst, den Respekt vor den ernsten Forschern ablegt und die Sache unbefangen betrachtet, dann ist es gar nicht so schwer, etwas zusammenzubasteln, was zumindest von weitem wie ein Test aussieht. Man borgt sich überall ein paar Fragen – das fällt bei der rührenden Familienähnlichkeit der meisten Fragebogen gar nicht mehr auf –, streut einige Aufgaben aus Intelligenztests mit ein, garniert das Machwerk mit wissenschaftlichem Anspruch und trägt es mit ernster Miene auf den Markt. Nach diesem Prinzip wird schon häufig und erfolgreich gearbeitet. Wenn Personalberater sich rühmen, sie hätten ureigene Testbatterien entwickelt, dann sind die Kunstprodukte meist aus Bruchteilen bekannter Verfahren zusammengeschustert. Ihre Voraussagekraft ist gering, denn die Vorbilder waren ja bereits von zweifelhafter Gültigkeit; doch das hindert die Testbastler nicht, sich in Forscherpose zu werfen und die großen Meister der Naturwissenschaften zum Zeugen anzurufen, wenn sie ihre Methoden als psychologische Wunderwaffen anpreisen.

Eine typische Mixtur aus der Küche des Personalberaters Dr. Steiner wurde vor einiger Zeit in *Capital* (Heft 11, 1968, S. 78–86) beschrieben: «Jede Personalabteilung, die bei Steiner abonniert, muß mindestens 30 Testmappen abnehmen. Jede Mappe enthält neun Formulare für neun verschiedene Einzeltests. Die Bewerber brauchen durchschnittlich zwei Stunden, um sie auszufüllen. Dann beginnt Steiners Arbeit. Zunächst errechnet sein Assistent die Ergebnisse. Wenn die Talentstruktur sichtbar wird, fällt Steiner das diagnostische Urteil und diktiert sein Gutachten.»

Der Proband braucht keine tiefgreifenden Enthüllungen zu fürchten: Steiners Aufgaben stammen etwa zur Hälfte aus dem Fragenschatz der Intelligenztests, prüfen mathematische und verbale Logik auf recht harmlosem Niveau und technisches Verständnis. Als entscheidende Charaktermerkmale werden Impulsivität, Leistungsstreben, Entscheidungsbereitschaft und Kontaktfähigkeit gemessen; dann kann Herr Steiner das «diagnostische Urteil» fällen. Vielleicht mißt diese Testbatterie auch nur den gesunden Menschenverstand der Kandidaten – das wäre ja auch kein Unglück –, denn die richtigen Antworten sind ziemlich leicht zu erraten.

«Ordnen Sie die folgenden Beschäftigungen in der Rangfolge, die Ihnen am meisten zusagt:
a) Mit einem ausländischen Gast essen gehen,
b) Eine neue Betriebsabrechnung abwickeln,
c) Eine schwierige Verkaufsverhandlung führen,
d) Die Verwaltung umorganisieren.»

Diese Aufgabe ermittelt – hätten Sie's gewußt? – die Kontaktfähigkeit. Wer a) und c) bevorzugt, hat gern mit Leuten zu tun, wer b) und d) mag, neigt zum Eigenbröteln, wer dazwischenliegt, ist ausgeglichen.

Dr. Steiners Talentstruktur ist immerhin schon fünf Jahre alt, inzwischen hat er vermutlich neue Fragen ersonnen. Doch bewegen sich die meisten selbstgebastelten Tests im Schatten ihrer großen Vorbilder. Sie lehnen sich entweder an die amerikanischen Fragebogenmethoden an oder borgen sich ein paar Symboldeutungen bei den projektiven Tests aus. Der aufgeklärte Kandidat, der diese Verfahren auf früheren Seiten dieses Buches kennengelernt hat, wird sich auch durch Variationen dieser umstrittenen Techniken nicht verunsichern lassen.

Freilich kann man im Testdickicht auch unvermuteten Überraschungen begegnen: Praktiken, die nur dem Namen nach zu den Tests gezählt werden, in Wirklichkeit eher aus dem Hexenhäuschen zu stammen scheinen.

So veröffentlichte die *Welt* im September 1973 eine sorgenvolle Bestandsaufnahme der Personalbeurteilung von Herrn Erwin Kimmler, Inhaber eines Personalberatungsbüros, die sich über mehrere Sonderseiten erstreckte. Nachdem er alle gebräuchlichen Auslesemethoden gründlich verurteilt hat, empfiehlt Herr Kimmler das einzig wahre und noch dazu mathematische System: die Mikro-Charakteranalyse. Sie beruht auf den Lebensdaten – Geburtszeit und -ort, Heiratsdatum, Geburtsdatum der Kinder und Eltern, Sterbedatum von Angehörigen – dem ganzen vertrauten Horoskopzauber, der, mit sphärisch-trigonometrischen Formeln verschönt, schließlich zur «Ermittlung von vielen tausend Charakter- und Situationsformeln» führt.

«Die Mikro-Charakteranalyse ist auf Grund der vorhergehenden Darstellung das einzige objektive wissenschaftliche Beurteilungssystem, welches in der Lage ist, spezielle Aussagen zu machen. Soll zum Beispiel das Denken eines Menschen untersucht werden, so lassen sich folgende Details klären: Anpassungsfähigkeit im Denken – befehlendes Denken – beschränktes Denken – betrügerisches Denken – blitzschnelles Denken – erfolgreiches Denken – falsches Denken – konzentriertes Denken – langsames Denken – logisches Denken – planvolles Denken – praktisches Denken – klares Denken – scharfes Denken – selbständiges Denken und so weiter. – So lassen sich auch andere Begriffe im Detail untersuchen. Der Mensch ist also in allen wesentlichen Punkten erfaßbar.»
Erwin Kimmler, «Bildungsnotstand in der Psychologie und Bewertung durch Mikro-Charakteranalyse» in *Die Welt*, 15. 9. und 29. 9. 73.

Kimmlers Testersatz ist zum Lachen, aber nur für die, die nicht davon betroffen sind. Für Auslesekandidaten ist er bitterernst, aus mehreren Gründen.

Erstens: wenn die Wirtschaftsredaktion der *Welt* solche Gedankengänge ernst nimmt und abdruckt, kann man es nicht für ausgeschlossen halten, daß auch Unternehmer oder Personalchefs darauf hereinfallen. Die Heimlichtuerei der «seriösen» Psychologen hat dazu beigetragen, daß kein Laie weiß, wie ein brauchbarer Test aussieht, daß man bereit ist, jeden Hokuspokus für Wissenschaft zu halten, wenn es der Verfasser nur energisch genug behauptet.

Zweitens: Phantasietests Marke Eigenbau kann selbst der geübte Testknacker nicht unterlaufen, sie sind oft «unknackbar», weil sie nicht einmal bemerkt werden. Die Lebensdaten des Bewerbers können unauffällig ermittelt werden; er braucht es nie zu erfahren, daß ein Mikro-Charakter-Kundiger ihn «in allen wesentlichen Punkten erfaßt» hat. Hier, wie bei Sterndeutern, Graphologen und Kartenschlägern, kann der Bewerber sich nicht einmal zur Wehr setzen, denn er weiß nicht, was hinter seinem Rücken geschieht. Solange die Methoden der Personalauslese von allen, die daran beteiligt sind, als Geheimsache behandelt werden, können alle möglichen und unmöglichen Praktiken gedeihen. Dem einzelnen bleibt nur die Resignation.

19. Mit Herz und Hand

Zusammenhänge zwischen Körperbau und Charakter, Wechselwirkungen von Leib und Seele werden seit jeher vermutet, von der Volksweisheit auch oft als sichere Beweismittel angesehen: Wer schielt, der lügt; wer ein schlechtes Gewissen hat, wird rot; wer seinem Chef nicht offen ins Auge blickt, hat Böses im Sinn.

Ein halbwegs gebildeter Mensch lehnt solche handgestrickten Erkenntnisse ab, doch wenn er ganz gebildet ist und ein psychologisches Studium durchlaufen hat, fängt er wieder an, daran zu glauben – jedenfalls im Prinzip. Die Professoren R. Cattell und H. J. Eysenck, zwei der modernsten und einfallsreichsten Psychologen, haben jeder für sich eine ganze Reihe von Tests erfunden, die Persönlichkeitsmerkmale an körperlichen Symptomen messen. Sie haben sich beide auch um die Konstruktion von Fragebogen bemüht – der 16 PF und der MPI, die in früheren Kapiteln beschrieben wurden – und zu ihrem Kummer festgestellt, daß diese Technik von geschickten Versuchspersonen unterlaufen werden kann. Als Alternative empfehlen sie «objektive» Testmethoden, die von der Testperson nicht beeinflußt und daher auch nicht gefälscht werden können. So hat sich etwa herausgestellt, daß viele Personen, die an Nachtblindheit leiden, auch ausgeprägte neurotische Persönlichkeitszüge aufweisen; man könnte also theoretisch bei einer Sehprüfung gleich den Charakter mitbeurteilen. (H. J. Eysenck, *Sense and Nonsense in Psychology*, Penguin-Taschenbuch 1962, S. 178f)

Bisher sind diese Tests nur im Forschungslaboratorium erprobt worden; in die Praxis der Personalauslese scheinen sie noch keinen Eingang gefunden zu haben. Es gibt gute Gründe dafür, sowohl moralische als juristische; harmlose Stellenbewerber können nicht als Versuchskaninchen für unbewiesene wissenschaftliche Theorien benutzt werden. Professor Cattell hat ein dickes Buch mit rund 400 Testvorschlägen (*Objective Personality and Motivation Tests*, Chicago 1967) veröffentlicht, die der Überprüfung harren; vielleicht läßt sich ein unternehmungslustiger Jungforscher gelegentlich dazu hinreißen, sie auch an Bewerbern auszuprobieren. Für alle Fälle sollte man darüber Bescheid wissen: Wenn man z. B. aufgefordert wird, auf einem Bein zu stehen, dann ist das kein alberner Scherz, sondern ein «objektiver» Test. Neurotiker halten es angeblich nicht so lange aus wie Leute mit stabilem Gemütshaushalt.

Wenn man mit einem Metallstift auf ein Blech klopfen soll, dann handelt es sich vielleicht um einen Test, der extravertierte von introvertierten Bewerbern trennt. Die einen machen angeblich häufigere, aber kürzere Pausen als die andern.

Wenn man angehalten wird, seinen Namen rückwärts zu schreiben, dann geht es nicht um die geschickte Hand allein, auch die innere Beweglichkeit wird geprüft. Rigide Persönlichkeiten, Menschen, die an hergebrachten Mustern hängen, haben größere Schwierigkeiten bei dem Schreibkunststück als aufgeschlossene, flexible Charaktere. Nach diesem Prinzip können Persönlichkeitstests auch ganz unauffällig in anderen Prüfungen versteckt werden: Wer bei gleichförmigen Rechenaufgaben früh ermüdet, wer einem raschen Diktat nicht folgen kann, gilt als Neurotiker. Wem die Zeichnung nach einer Vorlage größer gelingt als des Original, der kommt in den Verdacht psychotischer Gemütsleiden.

Aus der gleichen Familie wie die objektiven Tests stammt der Lügendetektor, der als älterer Bruder größere Verbreitung, aber auch heftigere Kritik genießt. Die meisten Modelle dieses umstrittenen Geräts – das in Deutschland offiziell nicht verwandt wird – beruhen auf der Kontrolle von Blutdruck und Atemgeschwindigkeit während einer Befragung des Probanden. Wenn die beiden Körperfunktionen deutliche Schwankungen aufweisen, unterstellt man, daß der Proband die Unwahrheit gesagt hat. Der Test hat nicht nur moralische, sondern auch wissenschaftliche Schattenseiten, aus denen hervorgeht, daß auch «objektive» Tests nicht so unschlagbar sind, wie ihre Erfinder es gerne möchten.

«Größere Schwierigkeiten entstehen durch Leute, die sich von den Testbedingungen relativ wenig beeindrucken lassen. Eine Person, die nicht an die Wirksamkeit des Tests glauben will und sich deshalb auch gar keine Sorgen über ihre Entlarvung macht, wird beim Lügen wenig Aufregung empfinden und daher auch kaum verwertbare Ergebnisse im Lügendetektor zeigen. Es gibt Leute mit ganz extremer Gefühlsarmut, die auf Grund ihrer Reaktionen im Lügendetektor für unschuldig erklärt werden, obwohl sie schuldig sind; andere können ihre inneren Prozesse und Assoziationen ausreichend kontrollieren, um verräterische Reaktionen zu vermeiden.»
H. J. Eysenck, *Sense and Nonsense in Psychology*, Seite 89.

Angeblich soll es einen deutschen Personalberater geben, der den Lügendetektor verwendet, um Bewerber für begehrenswerte Führungs- und Vertrauensposten «auf Herz und Nieren» zu prüfen. Hier kann nur dringend empfohlen werden, sich nicht darauf einzulassen, sich energisch unter Berufung auf das Grundgesetz, Artikel 1, zur Wehr zu setzen, (K.-H. Schmid, *Psychologische Testverfahren im Personalbereich*, Köln 1971, S. 123) Diese Möglichkeit besteht auch bei anderen «objektiven» Testverfahren – falls man sie überhaupt erkennt.

Die erfindungsreichen Testbastler dieser Gattung haben zum Teil viel Mühe und Kunstfertigkeit darauf verwandt, ihre Instrumente zu tarnen oder nach dem Vorbild der ineinandergeschachtelten russischen Puppen ihre Tests in anderen zu verbergen. Der Bewerber mag glauben, daß er die Aufgabe durchschaut, während doch in Wirklichkeit etwas ganz anderes gemessen wird, als er vermutet. Die Lust daran, den Probanden zu übertölpeln, zieht sich durch die gesamte Psychodiagnostik; hier erreicht sie ihren Höhepunkt. Da gibt es zum Beispiel einen «unmoralischen Fragebogen», der die Testperson mit peinlichen Alternativen konfrontiert:

«Würdest du lieber
a) stehlen, b) andere durch Lügen schädigen?
Wenn du stehlen würdest, möchtest du lieber
a) eine Ladenkasse ausräumen, b) einer alten Frau das Ersparte wegnehmen?»

Hinterher werden nicht etwa die Antworten ausgewertet, sondern nur die unterschiedliche Bedenkzeit, die der Proband für jede Antwort benötigt. Wer lange zögert, dem werden besonders tiefe Ängste unterstellt.

Obwohl sich diese Testmethode erst im Experimentierstadium befindet, hat sie in den USA besonders heftige Proteste ausgelöst. Selbst Psychologen neigen dazu, sich vom allzu listigen Versteckspiel zu distanzieren.

«Jede wirksame Verkleidung berührt die Grenzen der unethischen Praktiken. Der Versuch, das trügerische Subjekt zu überlisten, indem man selbst trügerisch wird, kann nur die Ansicht bestärken, daß Psychologen tückisch sind. Auf die Dauer wird das die Probanden zu immer weiteren Ausflüchten treiben.»
L. Cronbach, *Essentials of Psychological Testing*, New York 1970, Seite 502.

Die deutschen Psychologen haben sich bisher an der Frage festgehakt, ob diese «objektiven» Tests überhaupt ausreichend wissenschaftlich fundiert sind; moralische Bedenken hat noch keiner geäußert.

20. Die teure Wirklichkeit

Nicht alle Auslesetests sind als solche zu erkennen. Es kann passieren, daß ein Stellenbewerber voll Spannung und Eifer auf den Beginn des großen Testverhörs wartet und gar nicht merkt, daß es schon längst begonnen hat.

Vielleicht sitzt eine Gruppe von Kandidaten im Vorzimmer und schweigt. Wer wird als erster das Wort ergreifen? Wer wird etwas vorschlagen, um die Situation zu verändern? Wer wird sich durchsetzen? Der Testleiter sitzt, als Bewerber getarnt, dazwischen und registriert, wie die Wartezeit immer drückender wird und wie die Versuchspersonen mit der Spannung fertig werden. Solche «Situationstests» können außerordentlich belastend sein, wenn sie sich lange hinziehen, wenn der Testleiter provozierende Fragen einwirft. Ein französisches Testopfer berichtete von einem dreistündigen Wartetest bei einer Pariser Großfirma, der von zwei Psychologen beobachtet und angeheizt wurde, bis die Beteiligten sich ihre intimsten Geheimnisse und Ängste erzählten und schließlich ganz die Nerven verloren. So etwas müßte gesetzlich verboten werden, forderte die seriöse Zeitung *Le Monde.* (Jacques Merlino, «Vouz cherchez un emploi?» in *Le Monde*, 24. 6. 73)

Bei uns wird diese Methode häufig verwendet, ohne bisher öffentliche Entrüstung auszulösen. Sie wurde schon im Krieg zur Auslese amerikanischer Kommandotruppen entwickelt, später bei der britischen Beamtenauswahl verfeinert und wird von vielen Psychologen hoffnungsvoll als nicht ganz ausgereiftes, aber zukunftsträchtiges Verfahren angesehen. Sie geht davon aus, daß die Versuchsperson in Situationen beobachtet werden soll, die der normalen Arbeitsbelastung ähneln. Aus dem Verhalten kann man dann schließen, wie sich der Betreffende im Beruf verhalten wird. So werden etwa Diskussionsgruppen mit einem beliebigen Thema veranstaltet, um zu testen, welcher Teilnehmer sich zum Diskussionsleiter aufschwingt und welche Taktik dabei verwandt wird; oder die Gruppe erhält eine schwierige Aufgabe, die nur gemeinsam gelöst werden kann. Die Situation kann jeweils so konstruiert werden, daß sie relativ nahe an der beruflichen Wirklichkeit liegt; die Beobachtungskriterien bleiben stets die gleichen.

«Die Prüflinge verhielten sich recht verschieden. Einige machten unzweckmäßige und unbrauchbare Vorschläge, andere hielten lange Vorträge, ohne bei den übrigen Gehör zu finden, und wieder andere brachten es fertig, Unterstützung für die Durchführung ihrer Ideen zu erhalten. Die Gruppe wurde von Psychologen beobachtet und jeder Prüfling dabei nach seinem Verhalten auf Tatkraft, Initiative, praktische Intelligenz, soziale Beziehungen und Führereigenschaften sowie körperliche Geschicklichkeit beurteilt. Sobald sich erkennen ließ, daß in einer Gruppe jemand als Führer allgemein anerkannt wurde, erklärte man, er sei soeben von einem Scharfschützen erschossen worden. Die wieder führerlos gewordene Gruppe hatte nun ohne ihn die Aufgabe weiterzuführen und ein neuer Führer konnte sich zeigen.»
H. J. Eysenck, *Wege und Abwege der Psychologie*, Reinbek 1972, Seite 70.

Bei der Auslese von höheren Beamten oder Managernachwuchs soll ein Situationstest oft die Teamfähigkeit prüfen. Man läßt die Anwärter ein Komitee bilden, das gemeinsam den Tagesplan aufstellen, die Kasse verwalten oder eine andere spielerische Aufgabe wahrnehmen soll.

Bei der Vielzahl der möglichen Testformen ist es schwer, ein Patentrezept für alle Fälle zu liefern. Grundregel ist hier wie in allen andern Tests: nicht die Ruhe verlieren; weder Angst noch Unsicherheit verraten.

Meist sind mehrere Beobachter tätig, die nach einem standardisierten Schema arbeiten, um für die einzelnen Kandidaten vergleichbare Ergebnisse zu erhalten. Nach dem Interaktionsschema von Bales, das bei Psychologen sehr beliebt ist, lassen sich z. B. alle Äußerungen und auch stummes Verhalten in eine von zwölf Kategorien einteilen (nach R. F. Bales, *Die Interaktionsanalyse in Beobachtung und Experiment in der Sozialforschung* [Hg. René König], Köln 1967, S. 154).

1. Zeigt Solidarität, bestärkt, hilft, belohnt 2. Scherzt, lacht, zeigt Befriedigung 3. Stimmt zu, gibt nach, versteht	Sozialemotionaler Bereich: positive Reaktionen
4. Macht Vorschläge, gibt Anleitung 5. Äußert Meinung, bewertet, analysiert 6. Orientiert, informiert, bestätigt	Aufgabenbereich: Versuche der Beantwortung
7. Erfragt Informationen, Bestätigung, Wiederholung 8. Fragt nach Meinungen, Stellungnahmen, Bewertung 9. Erbittet Vorschläge, Anleitung	Aufgabenbereich: Fragen
10. Stimmt nicht zu, zeigt passive Ablehnung 11. Bittet um Hilfe, zieht sich zurück 12. Zeigt Antagonismus, setzt andere herab, verteidigt sich.	Sozialemotionaler Bereich: negative Reaktionen

Der aufgeklärte Bewerber wird sich bemühen, nicht nur im sachlichen Aufgabenbereich Punkte zu sammeln, sondern vor allem auch die positiven Züge sozialer Emotionen an den Tag zu legen. Er sollte nicht nur eigene Vorschläge einbringen, sondern auch unbedingt Solidarität und Verständnis beweisen. Das Schwergewicht muß jedenfalls auf den ersten sechs Punkten liegen.

Testverfahren, die der Wirklichkeit nachempfunden sind, werden nicht nur an Gruppen, sondern genauso an einzelnen verwandt. So kann ein Bewerber beauftragt werden, einen typischen Beschwerdebrief zu beantworten, einen problematischen Fall anhand einer dicken Akte zu lösen oder im Rollenspiel vorzuführen, wie er etwa mit schwierigen Untergebenen umgeht.

Diese Methode bewegt sich sozusagen am Rande der Wissenschaft. Sie zeigt so viele unterschiedliche Gesichter, daß sie sich kaum nach den klassischen Gütekriterien beurteilen läßt. Bei den Prüflingen ruft sie wenig Widerstand hervor, bei den Arbeitgebern ist sie sehr beliebt, denn ihre Nähe zu tatsächlichen Arbeitsproblemen macht diese Tests einleuchtend und verständlich. Doch bisher gibt es kaum Erfolgskontrollen, ob die Ausgelesenen sich nun wirklich im Beruf besonders gut bewähren; und außerdem ist der Situationstest sehr kostspielig: er braucht mehr Zeit und Testpersonal als irgendeine andere Methode.

Eine besondere Variante der wirklichkeitsnahen Tests ist der sogenannte «Stress»-Test, der die reale Berufssituation mit Schwierigkeiten durchsetzt. Hier wird geprüft, wie der Kandidat auf Fehlschläge reagiert, wie er mit übermäßigen Forderungen fertig wird, wie er sich gegenüber aggressiven Mitarbeitern verhält. So wird etwa der Pilot, der an einem Koordinationsgerät mit vielen Knöpfen und Hebeln arbeiten soll, zusätzlich durch einen ungeduldigen Testleiter angetrieben, wegen seiner Arbeitstechnik getadelt, auf die Zeit verwiesen und allgemein verunsichert. Ein zweiter Testleiter beobachtet die Reaktion – wobei es natürlich Pluspunkte für Gelassenheit, Unbeirrbarkeit und gute Laune gibt.

Im Erinnerungsschatz deutscher und amerikanischer Armee-Psychologen spielen ähnliche Methoden eine Rolle, die angeblich mit Erfolg bei der Auswahl von Elitekommandos eingesetzt wurden. Offensichtlich hat es den Testern großen Spaß gemacht, ihre Opfer mit verzwickten Hindernissen, unlösbaren Aufgaben und handfesten Beleidigungen zu foppen. Die Freude an solchen Tests, die Raymond Cattell mit der Inquisition vergleicht (*Objective Personality and Motivation Tests*, Chicago 1967, S. 89), scheint auch in Friedenszeiten lebendig. Der Mannesmann-Direktor Dr. Schmid berichtet von Stress-Interviews, in denen der Bewerber durch Zoten, Provokationen und Kränkungen auf seine Belastbarkeit geprüft werden soll (*Psychologische Testverfahren im Personalbereich*, S. 229 ff). Das «erbarmungslose Kreuzverhör» soll bis zur völligen Erschöpfung getrieben werden, um den Kern der Persönlichkeit bloßzulegen. Wer solchen Methoden begegnet, darf sich eine Meinung – und keine schmeichelhafte – über die Persönlichkeit des Testers bilden und sich so energisch wie möglich mit Gegenprovokationen oder feinem Protest zur Wehr setzen. Selbst wenn diese Taktik keine Pluspunkte bringen sollte, so entlastet sie doch das Gemüt des Testopfers. Selbstverständlich sind Tests dieser Art auch nicht zu den arbeitsrechtlich zulässigen zu zählen. Wer die Teilnahme verweigert, ist juristisch und moralisch im Recht, und wenn einer durch ruppige Testmethoden gar einen Gemütsschaden oder ähnliche nachweisbare Nachteile erleidet, so kann er den Tester auf Schadenersatz verklagen – freilich ein schwacher Trost, denn solche juristischen Paradefälle kommen in der rauhen Wirklichkeit des Stellungsuchenden nur selten vor.

«Gerade der Betriebspsychologe sollte einsehen, daß der Einsatz von Tests über das sachlich unbedingt erforderliche Maß hinaus zu den Scheinfunktionalitäten gehört und . . . Individualität vergewaltigt. Ich verkenne bei einem solchen Postulat nicht, welche Gefahr für den Betriebspsychologen die oft gegebene Notwendigkeit bedeutet, durch besondere Betriebsamkeit seine Existenzberechtigung unter Beweis zu stellen.»
Professor H. A. Müller in *Psychologie und Praxis* (1972), Seite 155.

Was wird wirklich getestet?

Die bunte Sippe der Persönlichkeitstests erweitert sich alle Jahre um ein paar neue Mitglieder, die vom Ansehen der älteren Verwandten profitieren. Die Familie ist so groß, ihr Stammbaum so verzweigt, daß auch illegitime Kinder und Hochstapler in ihrem Verband gedeihen.

Sie sind oft einander spinnefeind, rechnen sich unerbittlich ihre Fehler und Schwächen vor – die härteste Kritik an Testmethoden stammt von den Anhängern anderer Testmethoden –, doch gegen Außenseiter und Laien halten sie fest zusammen. Gemeinsam berufen sie sich auf Glanz und Mythos des Familiengeists: der heißt Wissenschaft.

Dies Zauberwort ist vor allem geeignet, Widerstand und Protest zu ersticken, Zweifel zu beruhigen, Nachfragen zu verhindern. Was im Namen der Wissenschaft geschieht, verdient Vertrauen, auch wenn es ungerecht und unverständlich zu sein scheint.

Doch diese Einstellung hat sich nicht bewährt. Für die Objekte der Wissenschaft, für die Menschen, die von ihr beurteilt, betreut, betroffen werden, genügt es nicht, Vertrauen zu haben. Kontrolle ist besser. Wer sich Testmethoden unterwerfen soll, wer sein Berufs- und Lebensschicksal von psychodiagnostischen Erkenntnissen bestimmen lassen muß, tut gut daran, wenn er diesen Zweig der Wissenschaft mit wachem

Interesse, mit informierter Neugier betrachtet. Die Psychowelle auf dem Buchmarkt, die Testschwemme in den Illustrierten zeigen deutlich genug, daß die Öffentlichkeit gern Bescheid wissen möchte.

Doch bisher sind die meisten Informationen auf Verschleierung und Täuschung ausgerichtet. Sie verraten nicht, was wirklich getestet wird; sie enthüllen nicht das wacklige Fundament, die dünnen Beine, auf denen manch großartiges Testgebäude errichtet ist.

Darum soll es hier noch einmal ganz deutlich gesagt werden: Die Theorien vom Aufbau der Persönlichkeit, die Methoden, wie man den Charakter des Menschen messen und verschiedene Messungen miteinander vergleichen will, die Prognosen, welches Verhalten wohl zukünftig zu erwarten sei, sind vorerst in der Entwicklung begriffen, oft widersprüchlich und in keinem Fall so gründlich nachgeprüft, daß sie als Grundlage für Lebensentscheidungen dienen können.

«Alle Versuche schließlich, ‹Führungseigenschaften› bzw. ‹Führerpersönlichkeiten› theoretisch oder diagnostisch zu erfassen, sind bislang gescheitert. Auch das Ausweichen auf sogenannte ‹Persönlichkeitstests› ist sehr problematisch, da diese Tests zumeist zur Diagnostik abweichenden Verhaltens – was immer das bedeuten mag und wie immer sie dies messen – entwickelt wurden und ihre Anwendung sehr häufig Widerstände hervorruft.»
Walter Volpert, «Psychologie der Ware Arbeitskraft», in *Kritik der bürgerlichen Psychologie* (hg. v. K. J. Bruder), Frankfurt 1973, Seite 236.

In den bisherigen Kapiteln ist versucht worden, die gebräuchlichen Tests zu durchleuchten, Voraussetzungen und Schlußfolgerungen zu prüfen und in Frage zu stellen. Was den Versuchspersonen meist verschwiegen wird, sollte deutlich werden, denn jeder Prüfling hat ein Recht darauf, sein Prüfungsthema vorher zu erfahren. Auch wer Karriere machen will, muß darüber informiert sein, wie er Pluspunkte sammeln, Fallen vermeiden und einen günstigen Eindruck hervorrufen kann.

Die Kontrolle der Methoden ließ manch seltsames Menschenbild erkennen, das die Tester aus Tintenklecksen oder Farbwünschen, aus Bildern und Fragebogen herauslesen wollen. Der Verdacht liegt nahe, daß diese Verfahren schon deshalb so ängstlich geheimgehalten werden, weil es schwer sein muß, sie gegen öffentliche Kritik zu verteidigen. Aus dem gleichen Grund wird dem Klienten meist verschwiegen, wie tief die Testmethoden in die Intimsphäre eindringen wollen, denn dieser Griff in geschützte Bereiche ist bei beruflichen Ausleseuntersuchungen kaum zu rechtfertigen. Wer sich den Sand der Wissenschaft aus den Augen wischt, wird jedem Bewerber das Recht zuerkennen, sich gegen die geschilderten Verfahren mit allen Kräften und Tricks zur Wehr zu setzen.

Doch nicht nur die einzelnen Persönlichkeitstests und ihre Seltsamkeiten verdienen Interesse; nicht nur das Bestreben der einzelnen Kandidaten, die Karrierehürde sicher zu nehmen, verlangt Aufmerksamkeit und Unterstützung. Selbst wenn die Methoden einwandfrei wären, selbst wenn die Instrumente tatsächlich den Kern der Dinge, die zukünftige Arbeitsleistung eines Bewerbers, erfassen könnten, wäre noch die Frage zu stellen, in wessen Interesse sie das tun.

Die Kenntnis diagnostischer Methoden ist ein Wissenskapitel, das zunächst dem Psychologen nützt. In der Arbeits- und Betriebspsychologie kann er diese Fähigkeiten besonders häufig und besonders gut bezahlt einsetzen, wie aus einer Untersuchung der Hamburger Universität hervorgeht (Amelang und Tiedemann, «Psychologen im Beruf», in *Psychologische Rundschau*, Jahrgang 1971, S. 169), und es ist zu hoffen, daß er seine Ausbildung auch dazu verwandt hat, seiner Aufgabe Freude abzugewinnen.

«Der Tester wählt seinen Beruf, weil er seine Bedürfnisse befriedigt. Der Tester mag zu jenen gehören, die sich in sozialen Beziehungen unzulänglich fühlen und aus anscheinend objektiven Instrumenten Sicherheit erlangen; er mag sich lieber den knappen und kühlen Begegnungen bei Testverfahren aussetzen als den persönlichen Beziehungen, die Lehrern und Therapeuten abgefordert werden. Er mag eigenen Zweifeln begegnen, indem er sich bei jeder Gelegenheit günstig vergleicht mit denen, die er testet; oder er mag im Gegenteil zu jenen gehören, die dankbare und abhängige Reaktionen von den Probanden erwarten.»
Lee Cronbach, *Essentials of Psychological Testing*, New York 1970, Seite 71.

Doch abgesehen von allen Möglichkeiten persönlicher Befriedigung ist die Testbatterie das Handwerkszeug, mit dem gearbeitet wird. Diese Arbeit wird vom Auftraggeber bezahlt, sie muß also seinen Interessen dienen. Das Unternehmen, die Behörde, in deren Namen getestet wird, erwarten, daß ihr Profit sich entsprechend erhöht, um die Testkosten wieder hereinzubringen. Der Unternehmer kauft eine Dienstleistung, einen Filter, der die besten Bewerber aussortiert; der Testleiter wird sich bemühen, diesem Auftrag gerecht zu werden. Die Menschen, die er testet, sind dabei nur der Werkstoff.

Die nackte ökonomische Wirklichkeit ist häßlich anzusehen; darum wird sie meist mit Rankenwerk verziert. Es sei im eigensten Interesse der Bewerber, wenn sie durch objektive Auslesemethoden vor dem späteren Scheitern bewahrt werden, sagen die einen. Viele Menschen sprechen gern über ihre Seele und sind froh, wenn sie sich irgendwo enthüllen dürfen, behaupten die andern. Auch meinen manche: Was der Firma nützt, tut schließlich auch den Angestellten gut.

Daß die Interessen der Versuchspersonen, die Menschenwürde der Kandidaten in Wirklichkeit nicht beachtet, ja nicht einmal wahrgenommen werden, geht allerdings schon daraus hervor, daß der Inhalt der meisten Persönlichkeitstests dem Probanden verheimlicht werden muß. Die Testanweisungen legen, wie vielfach zitiert, großen Wert darauf, den wahren Charakter der Untersuchung zu verschleiern, doch nur gegenüber dem Testopfer. Der Auftraggeber hingegen wird durchaus nicht hinters Licht geführt – jedenfalls nicht in der offiziellen Anweisung.

Große Teile der Testkonstruktion beruhen auf der Vermutung, daß die Probanden lügen, und es wird viel Mühe darauf verwandt, sie daran zu hindern oder jedenfalls zu überführen. Doch nirgends in der Psychodiagnostik wird die Frage gestellt, warum eigentlich diese Unehrlichkeit als zwangsläufig unterstellt wird. Ganz selbstverständlich wird hingenommen, daß der ehrliche Bewerber Nachteile zu befürchten hat. Wenn je ein Test zum Nutzen der Betroffenen ersonnen würde, dann müßte man ihn wohl daran erkennen, daß ihn jeder offen beantworten kann, ohne Schaden zu erwarten. Es scheint den Testverfassern unvorstellbar, in der Versuchsperson einen Partner zu sehen: eine Blindheit, die auf die Herkunft der Persönlichkeitstests aus Irrenhäusern und Kasernen zurückzuführen sein mag. Doch kann diese Einstellung, die auch im Umgang mit mündigen Bürgern und nach 25 Friedensjahren unverändert beibehalten wird, leicht als Arroganz mißverstanden werden.

«Mag sein, daß wir gar nicht ernsthaft damit rechnen, unsern Mitbürgern sympathisch zu sein. Daraus ergäbe sich aber wohl ein recht eigenartiges Selbstgefühl.»
Peter Hofstätter, «Was man vom Psychologen erwartet» in Hardesty und Eyferth, *Forderungen an die Psychologie*, Bern 1965, Seite 253.

Einzelne Betriebspsychologen versuchen seit langem, ihre Arbeit an den Interessen der Arbeitnehmer zu orientieren. Doch das System macht es schwer: Die Auslesekriterien werden von oben bestimmt. Alternativen sind bisher nicht erprobt worden. Der Vorschlag des Hamburger Arbeitspsychologen Professor Hugo Schmale, Werkspsychologen nicht von der Betriebsleitung, sondern von der Belegschaft anzustellen, ist bisher nirgends verwirklicht. Die Möglichkeiten des neuen Betriebsverfassungsgesetzes, bei den Richtlinien über die personelle Auswahl mitzubestimmen (BVG § 95), lassen eine Überprüfung der Auslesetests zu, soweit sie im Betrieb erfolgen. Doch haben die

Gewerkschaften bisher wenig Engagement auf diesem Gebiet entwikkelt, vielleicht aus Respekt vor der Wissenschaft, vielleicht auch, weil die Betroffenen sich nicht laut genug beschweren.

Auch in Amerika kamen erfolgreiche Streikdrohungen nur dort zustande, wo größere Gruppen sich gegen psychologische Tests verwahrten. Manager und Anwärter für Führungspositionen zogen es häufig vor, «unbedingte Ergebenheit» an den Tag zu legen und sich nur verdeckt gegen die Testpraxis aufzulehnen. In den Vereinigten Staaten existiert eine ganze Reihe von Ratgebern zum Testknacken, daneben gibt es Lehrgänge für erfolgreiches Testverhalten, die oft von den gleichen Instituten veranstaltet werden, die Testformulare an die Industrie verkaufen.

Die Auflehnung des einzelnen kann diskret erfolgen: durch Schwindeln und Verschweigen. Auch der offene Protest ist möglich: Viele Kandidaten weigern sich, an Persönlichkeitstests teilzunehmen. Das tut ihrer Selbstachtung gut und hat meist keine schädlichen Folgen, solange der Arbeitsmarkt gleichwertige Stellen vielfältig anbietet. Freilich wird auch die Testpraxis bei uns erst dann bedrohliche Ausmaße annehmen können, wenn eine wirtschaftliche Rezession zu knappen Arbeitsplätzen und zu echten Auslesesituationen führen sollte.

Erst wenn sich zahlreiche Bewerber um einen Posten drängen und keine andere Wahl haben, wird die schmerzhafte Funktion der Persönlichkeitstests deutlich: die Anpassungswilligen von den Schwierigen zu scheiden. Dann kann man auch die Diskriminierung der Minderheiten, die in vielen Tests unterschwellig angelegt ist, wirksam praktizieren: Politische Außenseiter, Eigenbrötler und Homosexuelle können ausgesondert werden; weibliche Bewerber können schlechter eingestuft und alle, die vom Durchschnitt abweichen, können benachteiligt werden, wobei nicht etwa Vorurteil oder Willkür, sondern strenge «objektive Wissenschaft» als Maßstab dient. Dann wird Widerstand schwierig sein.

«Seinem geschichtlichen Wirken nach ist der Test, da er den Menschen mit keinem humanen Maßstab mißt, sondern mit einem allzu menschlichen und daher unmenschlichen, eine Vorrichtung am Fließband jenes höchst präzisen Produktionsverfahrens, das den reduzierten, nach Standardabmessungen gearbeiteten Menschen liefert, den Menschen, den man brauchen, das heißt verbrauchen kann.»
Ulrich Sonnemann, *Negative Anthropologie*, Reinbek 1969, Seite 185.

Das Unbehagen an der Testpraxis wird nicht nur von Karrierekandidaten empfunden. Es breitet sich auch unter Lehrern und Eltern aus, die allerlei zudringliche Fragebogen in der Schule auftauchen sehen; es erfaßt die Ratsuchenden beim Arbeitsamt, die oft peinlichen Prüfungen unterworfen werden, um in den Genuß von Förderungsmitteln zu kommen; es beschäftigt auch nachdenkliche Bürger, die die Forderung nach «mehr Demokratie» im Arbeitsleben ernst nehmen und sogar auf den akademischen Bereich ausweiten wollen.

Das Unbehagen beruht nicht nur auf den einzelnen Verfahren der Psychotester, so fragwürdig sie auch sein mögen. In Kenntnis der Taktlosigkeit, der Leichtfertigkeit und der Menschenverachtung, die aus vielen Testanweisungen spricht, ergibt sich die Frage:

Was wird wirklich getestet?

Die Bereitschaft, Anweisungen zu befolgen, auch wenn man sie nicht versteht?

Die Fähigkeit, sich zu unterwerfen, auf eigene Interessen zu verzichten, Peinlichkeiten hinzunehmen?

Die Neigung, Vorgesetzte blindlings zu respektieren, dem Wissen der Herrschenden zu vertrauen?

Die Einsicht, sich anzupassen, den Betrieb nicht zu stören, alles mitzumachen?

Der Verzicht auf neugierige Fragen und individuelle Sonderwünsche?

Die Kunst, so zu schwindeln, daß es nicht herauskommt? . . .

Wenn das die eigentlichen Persönlichkeitswerte sind, die bei Auslesetests gemessen werden, dann ist es nicht genug, diese Verfahren einzeln zu knacken oder lächerlich zu machen; dann geht es nicht nur die Testopfer an. Auch die Mitarbeiter und Untergebenen, deren Kollegen und Chefs auf solche Weise ermittelt werden, auch die Staatsbürger, deren Beamtenschaft auf diesem Wege ausgelesen wird, sollen Widerstand leisten, das heißt Aufklärung verlangen.

Das Ziel dieses Buches ist es, Heimlichkeiten zu entschleiern, Widerspruch auszulösen, Testpraktiker zu provozieren, damit sie endlich bereit sind, ihre Methoden öffentlich zu diskutieren und aus Versuchspersonen gleichberechtigte Partner zu machen.

Literaturhinweise

Es entspricht dem Wesen der Persönlichkeitstests, die auf Geheimhaltung und Verschlüsselung beruhen, daß sie in der allgemeinverständlichen Literatur nur sparsam behandelt sind. Es entspricht zudem der Herkunft der meisten Auslesetests, daß eine gründliche und kritische Diskussion bisher hauptsächlich im englischen Sprachraum stattgefunden hat.

Deutsche Literatur zu den Grundlagen der Testmethodik:

Franzen, E.: *Testpsychologie, Persönlichkeits- und Charaktertests*, Frankfurt 1958

Handbuch der Psychologie, Band VI (Psychologische Diagnostik), Göttingen 1964

Hartmann, Hans: *Psychologische Diagnostik*, Stuttgart 1970

Hiltmann, H.: *Kompendium der psychodiagnostischen Tests*, Bern 1966

Hofstätter, Peter: *Psychologie* (Fischer Lexikon, Stichwort: Tests), Frankfurt 1971

Meili, Richard: *Lehrbuch der psychologischen Diagnostik*, Bern 1965

Sieber, Georg: *Achtung Test*, Reinbek 1973

Deutsche Literatur zu Auslesetests:

Handbuch der Psychologie, Band IX (Arbeits- und Betriebspsychologie), Göttingen 1970

Packard, Vance: *Die Pyramidenkletterer*, Düsseldorf 1963

Packard, Vance: *Die wehrlose Gesellschaft*, Düsseldorf 1965

Schmid, K.-H.: *Psychologische Testverfahren im Personalbereich*, Köln 1971

Whyte, William H.: *Herr und Opfer der Organisation*, Düsseldorf 1958

Englische Literatur zur Testmethodik:

Anastasi, Anne: *Psychological Testing*, New York 1959

Buros, C.: *Sixth Mental Measurement Yearbook*, Highland Park/N. J., o. J.

Cronbach, Lee: *Essentials of Psychological Testing*, New York 1970

Kleinmuntz, B.: *Personality Measurement*, Homewood/Illinois 1967

Murstein, Bernard: *Handbook of Projective Techniques*, New York 1965

Englische Literatur zu Auslesetests:

Alex, Charles: *How to Beat Personality Tests*, New York 1967

Black, Hillel: *They Shall Not Pass*, New York 1963

Cronbach, Lee, und Gleser, Goldine: *Psychological Tests and Personal Decisions*, Urbana 1965
Hoffmann, Banesh: *The Tyranny of Testing*, New York 1962

Die genannten Bücher befassen sich mit grundsätzlichen Fragen der Eignungsdiagnostik. Literatur zu den einzelnen Tests ist im jeweiligen Kapitel angegeben.